中国冷链物流发展典型案例

交通运输部公路科学研究院　编著

人民交通出版社股份有限公司

北　京

内容提要

本书选取了我国14家冷链物流典型企业，并按服务模式和特点，将它们分为供应链一体化物流服务、仓干配一体化服务、城市统仓共配服务、医药冷链物流服务和餐饮供应商5类。案例均从发展概况、发展策略、案例评析等方面进行诠释，全方位展示了国内冷链物流行业的发展情况。本书在附录部分收录了《中国公路冷链物流行业运行分析报告（2018）》，介绍了2018年冷链物流行业的总体发展情况，并分析了行业发展形势。

本书可供冷链物流行业主管部门、冷链物流相关企业、广大冷链物流从业人员以及相关科研机构、高等院校研究人员学习参考。

图书在版编目（CIP）数据

中国冷链物流发展典型案例 / 交通运输部公路科学研究院编著. — 北京：人民交通出版社股份有限公司，2020.4

ISBN 978-7-114-16400-2

Ⅰ.①中… Ⅱ.①交… Ⅲ.①冷冻食品—物流管理—案例—中国 Ⅳ.① F252.8

中国版本图书馆 CIP 数据核字（2020）第 043784 号

Zhongguo Lenglian Wuliu Fazhan Dianxing Anli

书　　名：中国冷链物流发展典型案例
著　作　者：交通运输部公路科学研究院
责任编辑：董　倩　邵京京
责任校对：孙国靖　宋佳时
责任印制：刘高彤
出版发行：人民交通出版社股份有限公司
地　　址：（100011）北京市朝阳区安定门外外馆斜街3号
网　　址：http://www.ccpress.com.cn
销售电话：（010）59757973
总　经　销：人民交通出版社股份有限公司发行部
经　　销：各地新华书店
印　　刷：北京虎彩文化传播有限公司
开　　本：720×960　1/16
印　　张：11.75
字　　数：162千
版　　次：2020年4月　第1版
印　　次：2021年7月　第3次印刷
书　　号：ISBN 978-7-114-16400-2
定　　价：60.00元

（有印刷、装订质量问题的图书由本公司负责调换）

主　编：蔡　翠

副主编：叶　静

成　员：李思聪　李　冉　赵南希　宿　硕　王俊波

前言 Qianyan

民以食为天,食以安为先。食品安全,关系到每个人的生命健康。习近平总书记曾强调指出,要用最严谨的标准、最严格的监管、最严厉的处罚、最严肃的问责,加快建立科学完善的食品、药品安全治理体系,严把从农田到餐桌、从实验室到医院的每一道防线。冷链物流广泛服务于农副产品、食品医药等诸多领域,与经济社会发展和人民群众生活密切相关,是保障食品、药品流通安全,提升人民群众生活品质的关键环节。

近年来,随着我国经济社会发展和人民群众生活水平的不断提高,食品和药品市场规模不断扩大,冷链物流供需日趋旺盛,冷链物流行业实现了较快发展,但由于我国起步较晚、基础薄弱,冷链物流行业还存在标准体系不完善、基础设施相对落后、专业化水平不高、有效监管不足等问题。为推动冷链物流行业健康规范发展、保障食品和药品流通安全、促进消费升级,2017年4月,国务院办公厅印发了《关于加快发展冷链物流保障食品安全促进消费升级的意见》(国办发〔2017〕29号),对健全冷链物流体系、保障食品流通安全做出了系统部署。2017年8月,交通运输部印发了《关于加快发展冷链物流保障食品安全促进消费升级的实施意见》(交运发〔2017〕127号),从提升冷链物流装备技术水平、完善标准规范、加强基础设施建设、创新运营组织模式、强化行业监管等方面,提出了交通运输推进冷链物流行业发展的16项重点工作。同时,围绕运输环节"不断链"这一核心问题,文件提出推动构建"市场准入—过程监管—信用评价—联合惩戒"的闭环管理体系。

为促进冷链物流转型升级高质量发展，发挥龙头企业示范引领作用，本书编写组选取了我国14家冷链物流典型企业的经验做法，编写了《中国冷链物流发展典型案例》一书。本书介绍了典型企业的发展概况、发展策略，并按照企业的服务模式及特点进行了分类和综合评析，尤其是围绕加强运输过程温控监管、规范冷藏保温车辆管理、推广信息技术应用、创新运输组织方式等方面，梳理总结了先进经验做法。

希望本书的出版发行，能为我国冷链物流的实践与发展提供有益借鉴，促进企业创新物流组织模式和经营模式，提高企业市场竞争力，规范行业发展。同时，也可为冷链物流相关主管部门促进冷链物流行业健康发展、完善相关政策提供参考。

本书在编写过程中，相关企业提供了丰富的材料，对此表示感谢。由于编写时间仓促，加之作者水平有限，不足之处在所难免，恳请读者给予批评指正。

本书编写组
2020年2月

目录 Mulu

第一章 供应链一体化物流服务企业 ················· 1
  案例 1 郑明现代物流——创新型生鲜供应链一站式服务平台 ····· 3
  案例 2 鲜易供应链——构建全国温控供应链 ··············· 14
  案例 3 海航冷链——跨境生鲜空地联运的引领者 ············ 21
  案例 4 顺丰冷运——领先的冷链解决方案供应商 ············ 31
  案例 5 辉源供应链——快速消费品供应链综合服务商 ········· 41
  案例 6 亦芙德供应链——创新型生鲜供应链一站式服务平台 ···· 48

第二章 仓干配一体化服务企业 ····················· 61
  案例 7 希杰荣庆——仓干配一体化创新服务典范 ············ 63
  案例 8 五环顺通供应链——仓干配一体化的引领者 ·········· 76

第三章 城市统仓共配服务企业 ····················· 83
  案例 9 唯捷城配——仓配一体、统仓共配的先行者 ·········· 85
  案例 10 领鲜物流——标准化、透明化的冷链城配企业 ········ 96
  案例 11 快行线——城市共同配送的先驱者 ················ 112
  案例 12 小码大众——分布式共享仓配冷链物流服务引领者 ···· 121

第四章 医药冷链物流服务企业 ····················· 129
  案例 13 中集冷云——区块链助力医药冷链运输规范化
        可视化 ··· 131

第五章 餐饮供应商企业 ·················· 145
  案例 14　信良记——餐饮供应链升级迭代的推动者 ············ 147

附录　中国公路冷链物流行业运行分析报告（2018） ············ 155

参考文献 ································· 179

第一章 供应链一体化物流服务企业

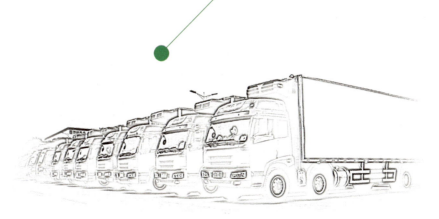

案例1 郑明现代物流
——创新型生鲜供应链一站式服务平台

一、发展概况

（一）企业简介

上海郑明现代物流有限公司（以下简称郑明现代物流）由1994年成立的上海郑明汽车运输有限公司物流板块整合而成，是我国最早从事冷链物流的公司之一。

经过多年发展，郑明现代物流已逐步成为以冷链物流、汽配物流为核心，商贸物流、电商物流、农产品物流、医药化工物流、金融物流共同发展的专业供应链解决方案提供商。公司集商流、物流、信息流、资金流"四流合一"，以商贸作为动力、物流作为引擎、金融作为支撑、技术作为驱动，通过建立平台，为冷链、汽配等供应链上下游企业提供温控仓储、流通加工、展示交易、信息服务、冷链技术、供应链金融、物流方案、物流保险等服务，构建覆盖从"最先一公里"到"最后一公里"全产业链的温控供应链服务体系，驱动产业转型升级，促进产城融合。截至2018年，郑明现代物流在全国设立子公司30余家，分公司20余家，物流网络覆盖全国90%以上的重要城市，拥有86个自有仓库，仓储面积达到130万平方米，在冷链物流行业排名全国第一。服务客户包括大型食品企业、大型超市、连锁餐饮、各种大型冷库等。同时，公司在北美、德国、法国、波兰、瑞典、日本、韩国、新加坡、泰国、越南、印度尼西亚、澳大利亚等国家和地区布局了海外网点。经过多年发展，郑明现代物流获得了来自行业和客户方面的各类奖项。

（二）发展历程

1. 创业起步期（1994—1998年）

1994年，上海郑明汽车运输有限公司成立，作为公路运输承运人，开启了专业物流模式。

1998年，企业开启跨越式发展，布局全国物流网络。

2. 初步发展期（1999—2011年）

2011年，企业迈向资本化发展道路，获得红杉资本投资，将原物流板块整合后成立郑明现代物流。2011年提出了"天网+地网，四网合一"（信息网络为天网，全国仓储网络、干线运输网络、区域配送网络、终端配送网络为地网）的发展战略，即全国仓储网络、干线运输网络、区域配送网络、终端配送网络和信息网络。

3. 快速成长期（2012—2013年）

2012年，企业设立国内第一家第三方物流行业企业大学——郑明学院，成立郑明现代物流研究所，并与上海高校合作成立郑明实训基地。

2013年，企业开创国字号冷链培训基地与地方民营企业战略合作的先河——中仓储冷链物流培训基地，并被评为中国食品物流示范基地。

2013年，公司成功通过上海市高新技术企业认定。凯辉私募基金、大和证券入股，公司成为中国、美国、法国合资企业。

4. 竞争领先期（2014年至今）

2014年，企业开始海外市场的布局，在新加坡、日本、北美地区设立子公司。大和证券、高和创投注入资金，郑明现代物流的国际物流新版网站上线。

2018年，企业与远洋资本共同发起成立60亿元冷链物流地产基金。

二、发展策略

（一）全产业链一体化服务模式

1. 以丰富的冷链网络资源为依托

2011年，郑明现代物流提出了"天网+地网，四网合一"的发展战略，即全国仓储网络、干线运输网络、区域配送网络、终端配送网络和信息网络。经过多年发展，郑明现代物流积累了丰富的冷链基础设施资源，在多个城市建有冷库设施和物流园区，构建了以干线运输、仓储和城市配送为主体的冷链服务网络。

（1）冷库仓储方面。郑明现代物流加快推进"百库计划"，在一、二线城市投建了大量冷库设施，并将冷库建设逐步由销地向产地延伸，"百库计划"框架如图1-1所示。截至2018年底，郑明现代物流已经完成在全国40余个重要物流节点城市的规划布局，拥有86个仓储网点，包括在建和已投入运营的冷库设施，仓储总面积达到130万平方米；在全国自有车辆达到600~700辆，其中干线运输车辆400辆，城配车辆约200辆。

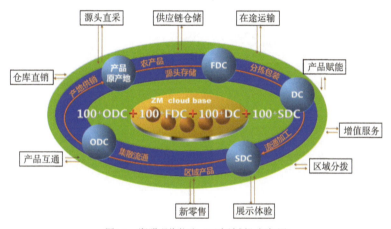

图1-1 郑明现代物流"百库计划"框架图

郑明现代物流根据不同区域发展情况和产业结构，采用定制化方式建设冷库。如在莱阳建设产地温控产业园，构建冷库仓储基地，园区重点围绕农产品打造"最初一公里"可追溯食品安全的物流基地，并拓展展示交易平台；在张家港建设港口冷库，将从德国、波兰等国家进口的生鲜产品进行中转并配送至全国各地。在上海，郑明现代物流围绕城市外环周边地区布局了12个仓库，仓储面积超过10万平方米，拥有数百辆多温区冷藏车。郑明现代物流各地冷库基本情况如图1-2所示。

（2）干线运输方面。郑明现代物流通过与曙光、鸿达等冷链物流企业合作，不断拓展干线运输网络，已逐步形成覆盖全国90%以上重要城市的物流网络，包括京沪线、沪粤线、沪川线、西北线、西南线、京港线等主要干线运输网络，具体见表1-1。

图1-2 郑明现代物流各地冷库基本情况图

郑明现代物流主要干线运输网络 表1-1

线路名称	覆盖区域
京沪线	南通、无锡 / 常州、南京、济南 / 青岛、北京、沈阳、哈尔滨
沪粤线	杭州、江西、福建、广州、深圳
沪川线	合肥、武汉、长沙、重庆、广州、深圳
西北线	太原、西安、呼和浩特、银川、新疆、甘肃
西南线	昆明、贵阳、南宁
京港线	北京、郑州、武汉、长沙、广州、香港
定班冷链专线	北京上海往返、北京成都往返、上海广州往返

（3）城市配送方面。郑明现代物流将线下门店和电商终端作为平台，完成配送中心与末端节点间配送网络的构建，其网络框架如图1-3所示。

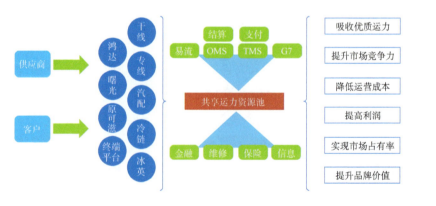

图1-3 郑明现代物流城市配送网络框架图

案例分享

昭通苹果项目合作案例

郑明现代物流秉持"心系所托、物畅其流"的理念，勇担社会责任，助力推动昭通苹果的品牌推广。郑明现代物流基于自身全程温控供应链服务体系和公司在华东地区分销渠道优势，将昭通苹果引入国家化的上海大市场，使"昭通苹果产业"走上"品牌兴业、产城融合、生态共赢"的发展之路。2017年，郑明现代物流实现"昭通苹果"入沪量约为1000吨。具体来看，郑明现代物流的优势主要体现在以下两方面。

1. 郑明现代物流全程温控供应链服务体系

结合深耕于冷链物流行业多年的经验，郑明现代物流意识到：制约农产品最大的难题莫过于分销网络和冷链物流保障的缺失，否则再好的农产品，也只能是"藏在深闺无人知"的本地特产。因此，从2015年开始，郑明现代物流积极进行从"最先一公里"直达"最后一公里"、打造从田间到餐桌温控供应链体系的探索，陆续与云南、贵州、四川、广西等地区开展合作。这些地区不仅是中国名特优农产品的主产地，也是中国深度贫困县区较为集中、深度贫困人口较为众多的区域，当地党委、政府也将名特优产品卖进上海作为当地精准扶贫、打赢脱贫攻坚战的重要措施。

2. 郑明现代物流在华东地区分销渠道优势

郑明现代物流在华东地区拥有的数量最多、总容积最大、分布最广的冷库网络，以及庞大的客户群优势，都已成为农产品走出深山、走向市场的重要通路，成为农产品产销对接、物畅其流的重要保障。上海国际化大都市得天独厚的优越环境，以及以上海为中心的华东地区发达的基础设施、消费能力和市场经济体系，使郑明现代物流在商业模式创新、技术进步等方面均基本遵循"上海起步、华东试点、全国推广"的路径。如2016年投资设立的上海原可滋供应链管理有限公司，定位为"中国名特优食品线上到线下（O2O）、领先的"最后一公里"温控供应链服务提供商"。截至2018年，该公司在上海已拥有近20家线下门店，未来计划拓展至100家门店，并配套有功能强大、产品丰富的线上商城，为最终客户提供直达新通道，成为行业探索"最后一公里"的先行者。

2. 以完善的供应链温控服务为核心

郑明现代物流对接国内外产地和需求消费方，提供了涵盖温控仓储、流通加工、展示交易、供应链金融、信息服务、冷链技术、干线运输、城市配送和终端配送等9大产业链的服务功能。

围绕产业链，郑明现代物流将供应链服务嵌入产业链，通过提供全链温控服务，为生态链上的客户提供"仓运配"+"金融"+"流通加工"+"集采分销"等相关的温控一体化服务。近年来，在不断地项目实践中，郑明现代物流逐渐形成了全链温控服务整合能力，并在其与加拿大麦肯食品有限公司的合作项目中有充分表现。

案例分享

麦肯项目——打造农产品全产业链温控物流的优秀实践

加拿大麦肯食品有限公司（以下简称麦肯食品公司）是全球最大的薯条加工企业，所生产的薯条主要供应给麦当劳、肯德基等全球知名快餐企业，薯条生产所需原材料土豆来自于内蒙古多伦、蓝齐和呼伦贝尔陈旗等种植基地。麦肯食品公司在亚洲的第一个工厂及中国总部设在哈尔滨，占地24万平方米，现有员工150人，每小时加工出产成品薯条10吨，主要服务于东北、华北地区客户。

郑明现代物流为麦肯食品公司提供"全供应链一体化服务"新方案。作为麦肯食品公司的"全供应链一体化服务商"，郑明现代物流完成了土豆从田间地头到餐桌一体化运作流程，涵盖种植、加工、冷藏、运输配送、信息平台等各类服务，具体业务模式如图1-4所示。

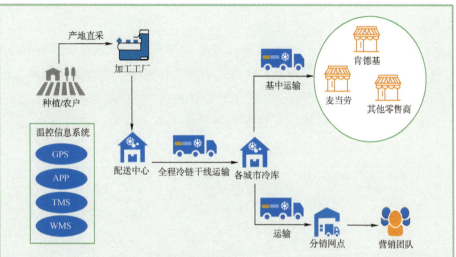

图1-4 郑明现代物流"全链温控一体化服务流程"图

1. 采购环节—种植管理、代理采购

郑明现代物流在土豆种植环节采用"公司＋农户"模式，通过为农户提供预付款，解决其购买化肥、农药及租赁机器的资金压力。土豆成熟后由郑明现代物流统一组织收购、运输，经过质检环节后进入麦肯食品公司仓库，作为薯条原材料。麦肯食品公司供应链结构流程优化如图1-5所示。

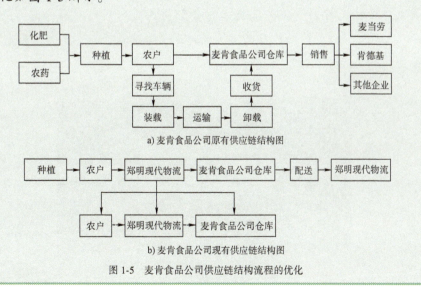

a) 麦肯食品公司原有供应链结构图

b) 麦肯食品公司现有供应链结构图

图1-5 麦肯食品公司供应链结构流程的优化

2. 车辆整合方案

郑明现代物流专门开发车辆招标平台和车辆调度系统，在确认车辆符合标准后系统会自动将车辆纳入运输车辆范畴，平台架构如图1-6所示。利用GPS技术实现全程物流运输可视化，并优化车辆运输路径。通过整合车辆资源，郑明现代物流迅速扩大运力规模，及时满足土豆采购业务和产成品配送业务，有效解决运力不均衡问题。

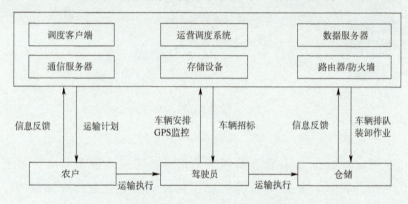

图1-6 郑明现代物流调度平台架构图

3. 收购环节——SOP管理

郑明现代物流根据到货后的作业流程，如卸货、质检、称重、移库等，依次对区域进行划分，并依据工作量配置人员。同时对各个流程进行标准化规定，加大检验检疫力度，做到土豆进库前无损、无害、无变质。收购环节实际操作情况如图1-7所示。

图1-7 收购环节实际操作图

4. 物流配送环节

郑明现代物流建立三级配送网络，以哈尔滨为中央配送中心，二级配送网络节点涵盖天津、北京、上海等直辖市和省会城市，三级配送网络节点延伸至城市各行政县区，做到配送中心、库、车与线路的集约和有效衔接，实现了对下游客户的敏捷响应。

5. 信息化服务

针对麦肯项目，郑明现代物流开发了第四方物流信息管控服务平台，平台为客户营销、物流及售后提供高效和准确的信息服务，推动供应链各环节运用大数据进行管理创新及服务创新，实现冷链全过程可视化、可追溯。

6. 供应链金融叠加

郑明现代物流麦肯项目在供应链结构优化、供应链资金运作、车辆整合、土豆收购检验检疫及物流配送方面都取得了很好的效果，其供应链金融业务流程如图1-8所示。

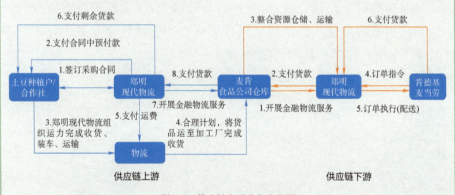

图1-8 供应链金融业务流程图

在供应链结构方面，麦肯食品公司将非核心的采购业务、运输业务等外包给郑明现代物流，集中资源发挥生产优势，优化了供应链结构。在供应链资金方面，麦肯食品公司将资金应用于扩大土豆生产及产品安全检测方面，在保障食品安全的同时，将农户收款账期从60天缩短到15~30天。车辆整合效果显著，在用车数量、排队等待时间、运输监管、土豆损失、货物超载等方面均有很大改善。供应链优化整合实施效果说明如表1-2所示。

郑明现代物流供应链优化整合实施效果说明　　表1-2

评价指标	整合效果
用车数量	从2000辆减少至1200辆
排队等候时间	从48小时缩短至8~12小时
运输监管	全程温度可视化监管
土豆损失	土豆损失量大大降低
货物超载	未发生超载

3. 以政产学研协同创新为发展助力

长期以来，郑明现代物流围绕温控技术、装备技术、智能技术、方案技术、工程技术、专利情况等方面构建了技术研发中心，以平台化经营为目标、以项目运作为抓手、以吸收先进经验为目标、以部门需求为导向，充分发挥政府、高校、企业、协会、研究所和事业部等各方资源优势，以政产学研协同创新助推郑明现代物流全产业链快速发展。郑明现代物流政产学研合作平台框架如图1-9所示。

图1-9　政产学研合作平台

（1）作为国内第三方物流行业首家企业型研究机构，郑明现代物流研究所已拥有国内知名专家逾30名，并专注于宏观经济、行业发展趋势、企业内部战略、组织架构、科技创新、冷链物流、仓储管理、作业标准、信息技术、企业文化等方面的研究。

（2）郑明学院设立了"郑明培训中心""郑明实训基地""中仓储冷链物流培训基地"和"中国食品物流培训基地"。

（3）郑明现代物流与复旦大学、上海大学、上海海事大学、上海海洋大学、上海海关学院、上海对外经贸大学、上海工程技术大学等7所大学，在人才培养、先进技术成果与信息资源共享等方面进行全方位合作，形成了物流学科专业产学研基地。高校将公司的成功商业模式编入案例教材，丰富了教学内容；公司得到了高校科研工作和科技人才的支撑。因此，双方建立了企业与研究中心技术合作、共同发展的双赢模式。

（二）下一步发展思路

2018年，郑明现代物流提出了从冷链物流向温控供应链物流转型的战略，拉长服务链条，囊括"最初一公里"和"最后一公里"，完善全产业链服务体系，丰富业务模式。同时，在原有业务基础上加大信息化投入，加强商品展示等物流增值服务。深入推进郑明现代物流的"百库"计划，在全国主要城市打造"大百库"，在上海市打造具备展示和交易功能的"小百库"，进一步向客户端延伸。

三、案例评析

郑明现代物流深耕于冷链物流领域，从初创至今已经走过20多年的历程，逐步由单一的冷链运输服务商转型为整合商流、物流、信息流和资金流的供应链一体化服务商。近年来，从最初制订供应链解决方案提供商，到全链温控供应链服务的实践者，郑明现代物流建立起来的战略实施步骤走得独特而且艰难。如今郑明现代物流面貌焕然一新，承接全链温控供应链服务项目越来越多。在公司营收结构中，单纯的运输、仓储收入比例呈下降趋势，而全链温控供应链服务业务收入明显上升。全链温控供应链服务正助力郑明现代物流成为领先的专业供应链解决方案提供商。

案例2　鲜易供应链
——构建全国温控供应链

一、发展概况

（一）企业简介

河南鲜易供应链有限公司（以下简称鲜易供应链）成立于2009年4月，前身是众品食业股份有限公司物流部，注册资本1217.77万元，是我国AAAA级物流企业和五星级冷链物流企业。

鲜易供应链定位于中国温控供应链集成服务商，依托网络化温控仓储及冷链运输配送系统，以物联网技术、供应链金融为核心服务，通过构建云仓网、运输网、共配网、信息网，围绕供应链优化，开展"仓运配+金融+集采分销"一体化服务，同时引领整合产业资源，帮助客户实现商流、物流、信息流、资金流同步，打造统一、安全、高效、协同的温控供应链系统。鲜易供应链已实现在全国7大区域布局3大园区、25个温控供应链基地，形成了完善的基础设施网络，千余条冷链物流服务线路覆盖全国28个省（直辖市、自治区），在23个核心城市开展了冷链城配服务。

鲜易供应链是中国物流与采购联合会冷链物流专业委员会轮值理事长单位、中国仓储与配送协会副会长单位，先后获得多项荣誉称号，并参与《肉禽类冷链温控运作规范》《水产品冷链物流服务规范》《药品冷链物流运作规范》和《餐饮冷链物流服务规范》等国家标准和行业标准的制定。2015年9月，李克强总理视察鲜易供应链期间称赞其为"时代弄潮儿"。

（二）发展历程

1. 企业物流（2006—2009年）

2006年冷链行业在中国还处于刚刚起步阶段，中国大部分消费者，甚至对"冷链"这个词都很陌生。河南众品食业股份有限公司作为中国肉食行业的领导者，一直倡导"自然产业链、自然好产品"的价值主张。为提供冷链物流、全程保鲜业务，2006年3月鲜易供应链的前身——众品食业股份有限公司物流部组建。

2. 第三方冷链运输企业（2009—2013年）

2009年4月，鲜易供应链作为专业的第三方冷链物流公司正式成立，着力打造发达完善的冷链物流系统，为客户提供仓运配一体化服务。

3. 供应链企业（2014年至今）

2014年，鲜易供应链顺应时代潮流，以"供应链+互联网+产业发展"为发展理念，构建了安全、统一、高效、协同的供应链体系，实现了从物流企业向供应链企业的转型，为客户提供生鲜供应链解决方案。鲜易供应链紧密聚合生产商、流通商、品牌商、分销商和金融机构等生态资源，打造温控供应链集成服务平台，为中国冷链产业提供超越冷链的温控供应链集成服务，帮助客户专注核心业务，让客户省时、省心、省力、省钱，提升整体运营效率。

二、发展策略

食品安全和消费升级使冷链物流行业站上了发展的风口，在渠道商、零售商与互联网融合发展态势下，生鲜供应链也在悄然变革和重构。鲜易供应链的生产工业型企业客户和传统商贸客户依然保持平稳增长，但近年来进口食品、新零售、新餐饮和生鲜电商客户异军突起，保持年均50%的增长率。鲜易供应链线上打造了冷链资源交易平台——冷链马甲，线下拥有鲜易温控供应链集成服务网络，实现承载端到端、一体化生鲜商业流通。通过线上线下联动，上万个供应商、采购商、生产商、品牌商、运营商、配送商、服务商共享金融、数据、技术、标准、信息等资源要素，形成了"开放共享、共生共赢"的智慧生鲜供应链生态圈。

（一）"仓运配+集采分销+金融"一体化服务模式

1. 打造"四网融合"温控供应链集成服务平台

鲜易供应链构建先进的即服务（Platform as a Service，简称PaaS）

平台，运用互联网云计算技术，使业务与信息系统深度融合，打造产业互联网时代智慧、开放的供应链服务平台。鲜易供应链拥有专业的运输管理系统（Transport Management System，简称TMS）（包括干线和城配）、仓储管理系统（Warehouse Management System，简称WMS）（包括配送中心和分拨转运中心），可实现订单统一接入、供应链金融、运营大屏、智能派单、智能调度，对冷库、车辆冷链物流服务过程进行精准化、可视化管理，达到供应链整体协同的目的。

鲜易供应链依托资源平台化、服务产品化的优势，持续推进云仓网、运输网、城配网和信息网的深度融合，运用先进的冷链建设和运营管理技术，融合商流、物流、信息流和资金流，从采购到仓储、从干线运输到区域配送、从集采分销到金融、从线上到线下，实现过程全程化、全时化服务，以多元化的地面服务能力、网络化的供求信息管理和全球化的贸易运作能力，为我国生鲜产业提供冷链系统化服务。

2. 提供"集采分销+仓运配"一体化物流服务

2018年，鲜易供应链基于四网融合的平台战略为客户提供温控供应链服务解决方案，业务范围涵盖温控仓储、冷链运输、城市配送、供应链金融、保税物流、集采分销、流通加工等供应链一体化服务。

鲜易供应链已经构建了覆盖全球、辐射全国的集采分销网络。国际贸易方面：鲜易供应链在欧洲、北美、南美、东南亚、澳洲、新西兰拥有6个海外集采中心，与30多个国家和地区上千家厂商合作，覆盖全球主要市场。国内贸易方面：鲜易供应链在全国7大区域、360多个城市布局集采分销网络，已完成150多个城市网络布局，帮助客户搭建高效的产品分销平台，实现快速销售及商流、物流、资金流和信息流同步。

基于强大的基础设施资源，鲜易供应链能够提供仓运配一体化的温控物流服务。温控仓储方面：鲜易供应链在全国7大区域布局25个温控基地，构建了完善的配送中心、分拨转运中心、分拣中心，仓储总容积431万立方米，为客户提供存储、分拣、配货、包装、贴标、流通加工、检验检疫及保税等一体化服务。冷链运输方面：鲜易供应链基于全国主要综合运输大通道，覆盖了北京、上海、广东、江苏、浙江、山东、河南、陕西、四川、湖北等28个省（直辖市、自治区），自有及整合冷藏车5900余辆，为客户提供全程温控、实时监控的冷链干线和零担卡班服务。冷链城配方面：鲜易供应链在北京、上海、广州、郑州、天津、沈阳、武汉、合肥、长沙、西安、成都等20多个核心城市、3000多个配送网点为客户提供企业到企业（Business-to-Business，简称B2B）的冷链城配服务。

同时，鲜易供应链有效整合分拨转运中心等节点资源，通过危害分析与关键控制点（Hazard Analysis Critical Control Point，简称HACCP）、生产质量管理规范（Good Manufacturing Practices，简称GMP）、卫生标准操作程序（Sanitation Standard Operating Procedure，简称SSOP）等体系认证打造流通加工平台，为连锁零售业、连锁餐饮业、团膳等客户提供代工生产（Original Equipment Manufacture，简称OEM）、代工设计（Original Design Manufacture，简称ODM）及分拣、贴标、包装等生鲜加工配送服务，帮助客户实现产品从仓库到销售终端的一体化温控流通解决方案。

3. 配套供应链金融服务方案

鲜易供应链依托多年积淀的供应链金融服务经验，为供应链上下游企业提供原材料及产品代采、存货融资、应收款保理等多样融资、信用结算服务，解决生产商、贸易商、物流商融资难题。依托四网融合的平台战略，鲜易供应链联手金融机构推出系统增值的供应链金融服务方案，即通过"原料定金代采+温控仓储+冷链运输+产品分销+供应链金融"的系统化服务，推出"存货易""代采易""运费保"三款产品，成功解决了供应链中的生产商、贸易商、物流商的资金难题，提升市场分销能力。

其中，"存货易"是客户将货物存入指定仓库，即可将库存转化为现金的金融产品；"代采易"是客户交一定比例的保证金，鲜易供应链依托全球化贸易能力，帮助代采购，定金即可转化为货款的金融产品；"运费保"是客户将运输服务项目下的应收账款转让给鲜易供应链，获取现金，提前收取运费款的金融产品。

（1）存货易：客户将自有货物存入鲜易供应链的仓库后，鲜易供应链对其货物进行价值评估，并根据评估价值给予客户一定比例（50%~70%）的融资款。客户根据自身销售情况分批还款提货，并在约定时间内还款完毕。具体流程如图2-1所示。

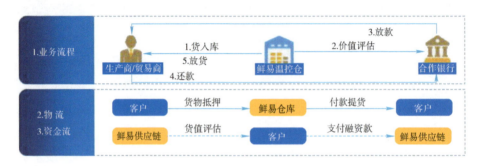

图2-1　存货易流程

（2）代采易：客户向鲜易供应链支付一定比例（30%~50%）的采购保证金；鲜易供应链在收到保证金后向上游供应商支付100%采购款用以采购产品，并将产品送到鲜易供应链仓库进行存储；客户根据自身销售情况向鲜易供应链分批或一次性付款提货。具体流程如图2-2所示。

图2-2　代采易流程

（3）运费保：承运商通过鲜易供应链保理授信额度、完成运输业务并对账开票后，将应收账款转让给鲜易供应链；而鲜易供应链按90%的比例放款，并在合同到期后、收到第三方物流公司支付的运输费用时，扣除费用后将余款支付给承运商。具体流程如图2-3所示。

图2-3 运费保流程

在风控方面，鲜易供应链构建冷链风控模型，通过客户画像、自动锁仓、价格跟踪和处置渠道建设等维度，从200多个客户和行业信息中挑选出54个信息要素以对客户进行画像呈现。通过行情和风险预判，有效地解决了生鲜行业产品标准不统一、价格浮动的"痛点"，具备了动态跟踪客户风险状况、评估风险并采取相关措施处置风险的能力。

在科技支撑方面，通过鲜易供应链PaaS平台、物联网技术应用平台，实现金融质物在线监管和自动锁仓功能。鲜易供应链金融平台系统，保障了金融业务全流程线上流通与可视化，降低了金融业务风险。

（二）效率效益分析

鲜易供应链依托强大的服务网络、先进的储运设施、领先的在线管理系统、专业的服务团队及现代化的温控供应链基地，联动标准、信息、金融层面的合作伙伴，先后与国内外上游肉类、水产品、乳制品、速冻食品、农产品等冷链产品加工制造企业以及下游的连锁零售、餐饮团膳、电子商务等渠道终端客户共计1000多家，围绕温控供应链的不同环节展开了深度合作，初步实现了平台与平台、系统与系统、供应链与供应链的有效链接，帮助客户提升了整体供应链的运行效率与质量；同时通过PaaS平台这种长期战略性的合作，获取与合作伙伴共同成长的收益。

（三）下一步发展思路

未来，鲜易供应链将围绕"云仓网、运输网、城配网"，采用自建、加盟、兼并等多方式，持续推进网络化平台建设，拓展冷链运输及城配网络覆盖范围，以冷链载货汽车班列为纽带，聚合公司集采分销平台、供应链金融平台，为客户提供一体化的温控供应链集成服务。同时，鲜易供应链将构建持续的生鲜产业金融生态，搭建生鲜产业金融平台，为生鲜产业上、下游客户提供一站式供应链服务。通过评估、推荐生鲜产业优质资产，链接社会化资金，解决中小型客户融资难、融资贵的问题，实现产业资产端和社会资金端互生互利，形成良性、可持续的生鲜产业金融生态圈。

三、案例评析

鲜易供应链自创业之初就秉承创新创业精神，历经十多年的发展，融合企业和产业生态，已由单一的冷链运输企业发展到现在的供应链服务平台。从企业物流到物流企业，再从供应链企业逐步迈向平台型企业，鲜易供应链以产业互联网为基础，将供应链服务嵌入产业链，通过实施"产品+服务""科学技术+综合管理技术""软件+硬件""平台+杠杆"，构建链接生产、仓储、运输、加工、集采、交易、配送的一体化温控供应链。鲜易供应链正致力于打造温控供应链服务平台，紧密聚合生产商、流通商、品牌商、分销商和金融机构，通过对行业资源、社会资源的有效整合，积极构建全球领先的智慧生鲜供应链生态圈。而这个生态圈正在持续发酵，释放着不可估量的辐射力和影响力，成为温控供应链品牌永不干涸的源头活水。

案例3 海航冷链
——跨境生鲜空地联运的引领者

一、发展概况

（一）企业简介

海航冷链控股股份有限公司（以下简称海航冷链）前身是华日飞天物流有限公司，成立于1997年8月，是国内较早专营冷链运输的企业之一。海航冷链在2010年与海航物流集团（以下简称海航集团）合作，成为海航集团旗下的专业冷链物流企业，2014年完成股份制改造，2015年1月在新三板上市，是国内冷链物流行业首家新三板上市公司。目前，海航冷链在北京、上海、天津、沈阳、西安、武汉、海口等地设立分支机构。

海航冷链立足于高速增长的行业环境，依托海航集团的产业集群优势，通过产业投资与资源整合，以"金融+科技"为驱动，围绕"商物流"核心模式，驱动冷链业务发展，着力发展陆空联运、冷链仓储、冷链商贸、冷链投资、冷链科技等创新增值业务，致力于成为国际化产融信一体的冷链产业集成服务商、冷链生态运营商和投资商。2018年，海航集团开通国内外航线2300多条，运营16个机场，拥有30架全货机和700余架客机腹仓运力资源，在跨境生鲜产地直采、空地联运、通关检疫、供应链金融等方面海航冷链都拥有着无可比拟的天然优势。同时海航冷链拥有丰富的地面网络和运力资源，已建立以北京、上海、广州为核心的物流网络，自有与可协调的车队规模超千辆，业务范围基本覆盖除台湾、西藏自治区以外的全国300多个城市。合作品牌客户均属于世界500强企业，包括：哈根达斯、和路雪、雀巢等食品类、全聚德、麦当劳等连锁餐饮类以及宜家、永辉等商超类。

海航冷链秉持高度的社会责任感，积极参与2008年四川抗震救灾、北京奥运会官方物流保障，是首批药品冷链物流国际达标企业，并多次荣获中国优秀冷链企业、中国食品与农产品冷链诚信企业、中国冷链金链奖十佳综合物流服务商等称号，是冷链物流行业前十强企业。

（二）发展历程

1. 传统第三方物流服务（1997—2010年）

海航冷链成立之初，以传统的仓储、运输服务为主，主要提供巧克力的保温运输、冰淇淋的冷藏运输，服务客户有限，品类单一。随着冷链业务专业化程度的不断提高，冷链物流服务的产品种类从巧克力、冰淇淋，扩展到一些需要冷链的日化产品和少量的医药，客户包括玛氏、吉百利、雀巢、和路雪、肯德基、麦当劳、湾仔码头等知名品牌。2002年，随着第三方配送服务需求日益增加，连锁商业企业和连锁餐饮企业开始实践供应链理念，将自己的物流全部或部分外包。海航冷链开始为这些客户提供门到门、门到店的生鲜配送服务。服务范围逐步遍及上海、广州、天津、武汉、沈阳、成都等大中型城市，初步形成全国范围的运输网络。

2. 资源整合、多元化服务（2010—2015年）

2010年10月，北京华日飞天有限公司携手海航集团合资重组成立北京大新华华日飞天物流有限公司（以下简称华日飞天物流），开启了多领域业务发展的新篇章。依托海航集团庞大的产业集群优势，华日飞天物流获得了更大的资源平台，通过战略投资与资本杠杆，整合了河南冰熊专用车辆执照有限公司（主营冷藏车制造）、北京盛世华人供应链管理有限公司（主营冷链医药运输）及沈阳富海冷链物流有限公司（主营区域干线运输）等合作伙伴，在冷链行业不断扩展，从单一环节的运输、仓储逐步向多元化、多板块、多行业发展，客户覆盖快销食品、零售、医药和化工等行业，具体合作伙伴如图3-1所示。2015年8月华日飞天物流正式更名为海航冷链控股股份有限公司。

第一章
供应链一体化物流服务企业

图3-1 海航冷链的合作伙伴

3. 全球供应链服务（2016年至今）

股份制改造的完成和新三板的上市为海航冷链带来更为广阔的发展前景。基于海航集团全球化发展战略，海航冷链持续发力冷链物流、冷链仓储、冷链装备、冷链金融及冷链科技领域，冷链物流产业基金、全国范围内的冷链物流中心布局、冷链物流数据平台等项目相继落地，形成全方位的业务集成配套体系，为冷链物流全程提供强有力的保障和优质服务。在"一带一路"倡议大背景下，以消费升级为导向，海航冷链凭借海航集团的资源优势，提出"商物流"的创新模式，发掘优势资源，提供产业物流解决方案等全程供应链服务。

二、发展策略

（一）"产融信"一体化的业务布局

海航冷链立足于冷链，依托海航集团的资源优势，致力于全产业链综合服务商。公司聚焦冷链，但不局限于物流，而是围绕产、融、信三个维度，通过战略投资和资本杠杆进行基础产业、冷链金融、冷链信息科技等全产业链布局。具体情况如图3-2所示。

1. 产——规模集约化

在传统运输和仓储业务基础之上，海航冷链重点发展仓运配一体化、海陆空多式联运、商贸供应链管理、医药物流、冷链装备和临空产业港的建设。

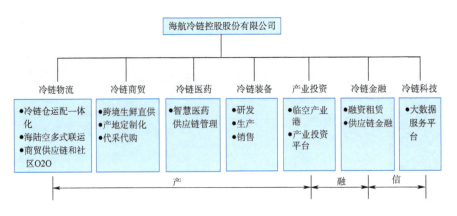

图3-2 "产融信"一体化的业务板块

1）仓运配一体化冷链物流

海航冷链积极参与全国冷链基础业务网络的投资与建设，实现仓运配的全程冷链，促进行业的标准化和规范化发展。公司2018年拥有将近3万平方米的北京冷链物流中心，位于北京首都国际机场海航基地院内，北邻天竺综合保税区，南邻海南航空工作区，东邻首都机场货运北路，地理区位优势明显。未来2~3年，海航冷链将通过自建、租赁、合作经营、订制改造、基金整合等方式，轻重结合，搭建以北上广为核心、覆盖全国的冷链物流中心网络布局。同时，专注发展第三方冷链物流业务，为客户提供干线运输、区域配送、仓储等基础功能性服务和仓运配一体化、海陆空多式联运等解决方案，业务网络遍布全国主要城市。

2）冷链商贸

海航冷链依托海航集团规范的风控管理体系和集团化资源优势，利用供应链金融、航空货运、海陆空多式联运、全国仓运配冷链网络等资源，为合作伙伴提供包括但不限于代采代购、产地定制、增值加工、渠道代理分销、资金保理（冷链产业供应链金融）等全程冷链增值供应链服务。同时，甄选全球优势产地资源，核心包括海鲜、肉类、水果等品类,实现采购向上执行力建设;搭建全国代理分销商、主流电商、餐饮连锁等客户网络,通过打造增值供应链服务环节,实现分销向下执行力建设;深入海外优质资源的生产源头,从产品品质出发,打造供应链服务商品牌以及"异国异品"全球产地直供品牌,致力于成为"全国领先的安全食品供应商"。

3)冷链医药

2015年,海航冷链战略投资北京盛世华人供应链管理有限公司(以下简称盛世华人),成功跨入高端医药冷链物流行业,进军国际化医药冷链物流市场,持续在运用新技术、新模式、新方案、开辟新资源方面不断努力。同时,盛世华人致力于智慧供应链管理,以冷链监测终端为核心,布局冷链科技,用技术实力提升效能。借助云服务构建了集冷藏车、冷藏箱、冷库于一体的冷链监测平台,实现了冷链服务全程透明可视化。

4)冷链装备

海航冷链投资冷链装备制造企业——河南冰熊专用车辆执照有限公司(以下简称河南冰熊),以其作为入口,快速带动基于冷链物流设备的衍生增值服务。河南冰熊是专业冷藏车、保温车和军用特种车等专用车辆的科研开发中心和生产基地,"冰熊"牌冷藏车的社会拥有量已超过50000辆,成为国内专用汽车的知名品牌,主要产品如图3-3所示。

图3-3 河南冰熊的冷藏保温车

5)冷链产业港

冷链产业港将围绕临空产业园经济,地方区域经济发展进行产业化植入。以冷链产业带动区域发展,以区域经济发展需求为核心能力,打造立体化、生态化冷链产业运营模式。助力临空经济或区域经济发展，为冷链产业整体布局提供规划、发展、升级提供产业助力。

2. 融——资产金融化

海航冷链旗下的控股公司海冷融资租赁（上海）有限公司，聚焦冷链行业重点发展融资租赁和冷链供应链金融，主要开拓现代物流、医疗健康、食品化工等上下游涉冷行业设施装备的融资租赁以及相关商业保理等业务，致力成为国内冷链行业领先的金融服务与资产管理平台。融资租赁服务总体流程如图3-4所示。

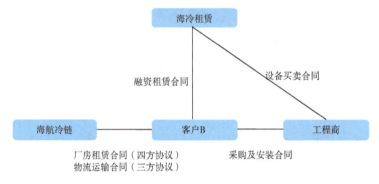

图3-4　融资租赁服务示意图

3. 信——产业信息化

产业信息化是重点打造冷链大数据服务平台，突破规模瓶颈和重资产限制。海航冷链依托旗下的实体物流、冷链金融、冷链装备，面向产业链上下游客户，打造融合基础信息服务和衍生增值服务为一体的公共云服务平台，利用车联网大数据，开展无车承运人业务和冷链产业链相关的增值业务。旗下中国冷藏网是国内首家专注于冷链行业的信息化平台，面向移动端客户的冷运通应用程序已正式上线。

（二）"商物流"的核心战略

为加速推动冷链物流供应链的转型升级，作为国内冷链行业的标杆企业，海航冷链率先提出了"商物流"发展策略，以全新的现代供应链概念，发力冷链商贸，以商流带动物流。

首先，从产品品质来说，海航冷链甄选来自全球的优质生鲜产品，深入海外生产源头，与当地优质供应商建立长期稳定的合作关系，形成海航冷链独有的全球跨境生鲜直采基地网络。其次，从物流运输来说，整合冷链物流的各个环节，依托海航集团的资源集群优势，整合冷链物流行业的各个环节，从原产地采购、跨境运输、通关检疫、仓储加工、配送分销、金融增值等服务，实现商流、物流、信息流和资金流的有效整合，形成"买全球、卖全球、运全球"的新业态，打造"全球生鲜供应链体系"及"异国异品"产地直供品牌，为客户提供从产地到终端的一站式服务，传递健康、品质、幸福的价值观。以巴沙鱼为例，向上开发和寻找越南优质巴沙鱼养殖资源，打造90分钟快速通关、空地联运和仓运配一体的通关运输渠道，向下发展增值加工、标准制定和特定包装业务，同时搭建全国分销体系，打通电商及餐饮连锁客户，形成完整的增值服务闭环，真正做到降本增效。

2018年，海航冷链境外直采产地已经遍布全球五大洲18个国家和地区，涵盖了水果、水产、肉类、奶制品及酒类等6大类20项生鲜产品，获取5项进出口贸易相关资质，与国内4家主流电商、5家大型商超建立了稳定的合作关系，业务基本覆盖全国主要一、二线城市。作为海航集团现代物流4.0的重要组成部分，海航冷链以全球生鲜供应链为地网、以"海平线"智慧物流平台为数字网、以多家货运航空公司为天网，形成了天地联网、智慧物流的三网合一局，在打造现代物流综合服务运营商的路上迈进一大步。

（三）跨境生鲜空地联运的业务模式

多式联运是综合性物流企业下一轮提升核心竞争力的重要布局方向。海航冷链有效整合地面运力资源与航空资源，按照"商物流"的核心理念，以跨境贸易、全球生鲜供应链为切入点，为客户提供从产地到终端的一站式服务，从空地联运到仓运配一体，从90分钟快速通关到全国分销体系，再到增值加工和特定包装等业务，真正形成一个完整的增值服务闭环，形成空地全程"不断链"的多式联运模式，总体框架如图3-5所示。

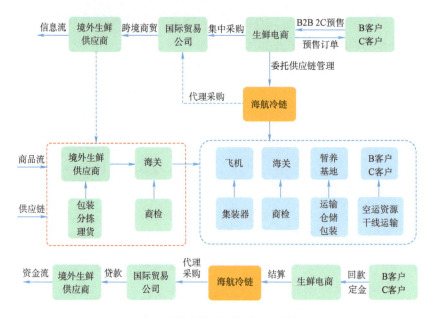

图3-5 跨境生鲜空地联运业务示意图

> **案例分享**
>
> ### 波士顿龙虾空地联运项目
>
> 近年来，被誉为电商最后一片蓝海的生鲜电商成为各大电商争抢的新高地，盒马、7Fresh、每日优鲜等一批生鲜电商迅速崛起。数据显示，2018年"双十一"，京东进口快消品增幅明显，仅泰国海产生鲜一项同比增长就达700%；苏宁超市生鲜类订单增长800%，1万份阿根廷进口牛腱子在1分钟内抢光，我国消费升级带来的强劲内需动力受到世界瞩目。
>
> 面对生鲜电商这一片"蓝海"，海航冷链率先提出"商物流"的发展策略，着力打造全球生鲜供应链体系。2018年4月29日早上11:15，金鹏航空执飞的全货运龙虾包机顺利抵达合肥新桥国际机场。此次货运包机从加拿大哈利法克斯起飞，承载着来自北极圈深海海域的波士顿龙虾50余吨。龙虾将通过货运包机和海航冷链的"冷链开车"快速衔接，运送至北京、上海、昆明等城市，为市民"五一"假期的餐桌上增添更加优质的美味选择。

（四）经济效益分析

通过海航冷链供应链服务，可以将境外接货、境外报关/报检、区域地面冷链运输、分拣加工的全流程服务时长降低到36小时以下，大幅提升效能。

航空运输货物落地后，由海航冷链的专业冷藏车进行配送，全程温控需求2~6℃。在机上温控方面，采取可视化全程温控管理平台，能够做到温度的实时监控，机上腹仓运力的温控技术和包装技术为生鲜产品高空运输提供温度保障。地面冷链运输同样保持2~6℃。从天到地不断"链"的过程，背后是航空运输资源和地面冷链运输的技术研发和创新努力的结果。既要保证结果，也要提高效能、压缩成本。

空地联运的主要品类集中在高端食品、药品、化妆品等单价较高且对温控要求十分严格的品类上。在成本方面，空地联运的成本与其他运输方式相比较高，主要是因为航空运力本身成本问题以及在技术创新和科技研发方面需要大量投入。海航冷链自身投入研发的仓储系统、运输系统也在应用中不断迭代和优化。随着技术的成熟和规模化应用，成本可以进一步降低。

（五）下一步发展思路

医药冷链与跨境生鲜供应链属于高门槛、高技术含量、高附加值业务。中国是医药消费大国，其中冷藏药品占比冷链运输货物的7%~8%，但由于规范标准、监控体系和追溯机制的不健全，医药冷链物流水平十分落后。在高端生鲜食品流通领域，冷链物流的保障能力也是较大的掣肘。基于消费端的安全和品质诉求，海航冷链未来将进一步聚焦优化自身业务结构和建立空陆联运差异化竞争优势。在跨境生鲜供应链方面，海航冷链将通过对七个重点城市政策环境、经济环境、物流状况的分析，匹配海航集团和海航冷链的自身资源，采用"全货机+冷链运输"方式开展空地多式联运试点。

此外，在进一步推动企业经营模式转型和战略型客户关系建立基础之上，海航冷链将加大境内外冷链产业投资的力度，加速打造以临空冷链产业港为载体的冷链物流产业网络、以海冷融资租赁为载体的冷链金融服务和资产管理平台，构建以中国冷藏网为载体的行业大数据服务中心、业务生态系统。

三、案例评析

面对国内外对于全球健康生鲜需求的爆发式增长，在国家"一带一路"大政方针的背景下，冷链物流产业面临着巨大的发展机遇。在这样一个全新的时代，海航冷链凭借自身20年行业深耕的积累和沉淀，依托海航集团的产业集群优势，打造了较为完善的现代化冷链物流体系。

跨境生鲜空地联运业务模式的成功运作，意味着高端生鲜食品甚至是高端特殊产品（如医药、高端化学品）的时效和温度控制必须百分百保证。尽管空地联运模式从外部环境和自身发展来看，仍然存在成本较高、腹仓运力资源协同较难等问题，但凭借海航集团在航空运力、机场管理、清关通关等优势，海航冷链已经正式开通了全国的空地联运业务，为易腐产品或高附加值产品空地联运全程温控的冷链运输提供了全新的思路和示范。

案例4 顺丰冷运
——领先的冷链解决方案供应商

一、发展概况

（一）企业简介

顺丰控股（集团）股份有限公司（以下简称顺丰控股）是一家主要经营国际、国内快递业务的港资快递企业，于1993年3月26日在广东顺德成立。2014年9月25日，顺丰速运有限公司（曾用名）成立冷运事业部，推出顺丰冷运（SF Cold Chain）（以下简称顺丰冷运）。依托顺丰强大的运输网路、领先的仓储服务、专业的温控技术、先进的管理系统，顺丰冷运致力于为生鲜食品行业客户提供专业、安全、定制、高效的综合供应链解决方案。

顺丰冷运网络覆盖104个城市及周边区域，其中包含51座食品冷库、108条食品运输干线、3座医药冷库、12条医药干线，贯通东北、华北、华东、华南、华中核心城市，定制化包装、高蓄能冷媒温控技术、仓储温湿度异常预警监测系统、车辆全球定位系统、车载温控实时监测系统以及陆运资源交易平台，与顺丰冷链网络无缝对接，提供专业、高效的运输服务。食品冷库运营面积22.4万平方米，已通过国际化高标准分销质量管理程序（Distribution Quality Management Procedure，简称DQMP）的资格认证，具有先进的自动化制冷设备、进口温湿度监控系统、标准专业的操作管理，可实现7×24×365的全天候客户服务；医药冷库2.4万平方米，已获得《药品经营许可证》《产品供应规范（Good Supply Practice，简称GSP）认证证书》《医疗器械经营企业许可证》以及国家食品药品监督管理部门对"开展药品第三方现代物流试点工作的批复"等全部认证及经营许可。拥有冷藏车916辆，其中通过GSP认证车辆244辆。

顺丰冷运专注于为生鲜食品、医药行业客户提供专业、定制、高效的综合供应链解决方案，覆盖食品、医药行业生产、电商、经销、零售等多个领域，2017年公司冷运食品与医药业务高速发展，营业收入达22.95亿元（不含税），同比增长59.70%。生鲜食品行业服务客户有：麦当劳、双汇、顶新等；医药行业服务客户有：哈药集团、华润三九、赛诺菲制药、广药集团等。近年来，顺丰冷运先后获得多项荣誉称号。

（二）发展历程

1. 创业起步期（1993—1997年）

依托珠三角城市群，艰难的创业起步。

2. 高速成长期（1997—2001年）

开始走出华南，走向全国，迎来高速成长。

3. 管理优化期（2002—2007年）

成立总部，全面提升管理能力，规范网络，让客户感受更优质的服务。

4. 竞争领先期（2008—2012年）

建立自有航空公司，逐步开拓国际市场，强化快递竞争优势。

5. 战略转型期（2012年至今）

优化组织职责分工，围绕客户经营转型，提供一体化供应链解决方案，巩固B2B快递领先地位，开始发力电商快递，向更高的目标进发。

2014年9月25日，成立冷运事业部，推出顺丰冷运（SF Cold Chain），专注为生鲜食品行业客户提供"一站式供应链解决方案"。

2015年1月，成立包装技术实验室，推进快递包装绿色化进程，健全产业链环保体系。

2016年8月，顺丰冷运食品陆运干线网正式发布，成为覆盖东北、华北、华东、华南、华中、华西等重点核心城市的冷链物流企业。

2017年7月，顺丰冷运业务发展初见成效，向着更高目标前进。

2018年3月，顺丰控股和夏晖宣布达成一项在中国成立合资公司的协议，双方将携手打造一家冷链物流公司。顺丰控股为合资公司控股股东，合资公司将经营夏晖在中国已有的部分业务。

2018年6月，夯实基础，整装待发，致力于成为高品质、端到端、全程可控可视的冷链解决方案的领先供应商。

二、发展策略

（一）核心商业模式

顺丰冷运核心商业模式从价值链上体现为"基于消费地仓储+产地整发+覆盖城市末端配送"的端到端冷链解决方案，其核心商业模式总体框架如图4-1所示。

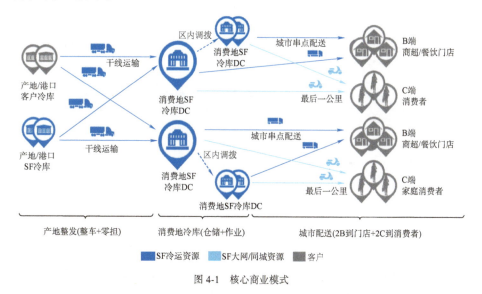

图 4-1 核心商业模式

（二）核心产品

顺丰冷运拥有五大核心产品，分别为：

（1）冷运到家，针对冷冻食品，提供从冷仓到消费者家庭的全程陆运冷链配送服务服务特征。

（2）冷运到店，通过多温区冷藏车，为B端客户提供从冷仓出发定制化的点对多点的城市冷链配送服务。

（3）冷运仓储，提供货物冷库"存储、分拣、包装、配送、信息流转"等一体化冷运服务。多温区储存，包括冷冻、冷藏、恒温、常温。7×24小时温度、湿度可视化监控。

（4）冷运零担，针对每票3吨以下的托运物班车化运作，覆盖全国、时效领先、全程可视可控的食品陆运冷链服务。

（5）冷运专车，根据客户发运整车货物的运输需求而定制的，全程可视可控的冷链运输服务。

（三）智慧冷链物流系统方案

顺丰冷运智慧冷链物流系统框架如图4-2所示。

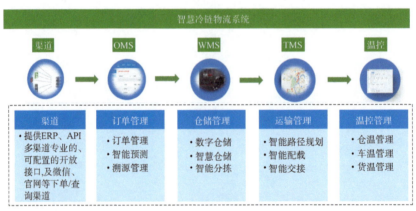

图4-2 智慧冷链物流系统

1. 渠道管理

（1）建立面向客户的科技服务能力，为客户提供免费企业资源计划（Enterprise Resource Planning，简称ERP）系统，帮助信息化程度较低的客户提供系统工具，助力客户业务线上化并打通上下游、加速商品从采购到终端用户的供应链服务线上化。

（2）提供丰富的应用程序接口（Application Programming Interface，简称API），支持从订单、库存、状态等信息的线上交互。

（3）支持微信、官网的线上下单、查询、支付。

2. 订单管理

订单管理系统如图4-3所示，具体功能包括：

（1）为客户提供灵活便捷的订单生命周期管理。

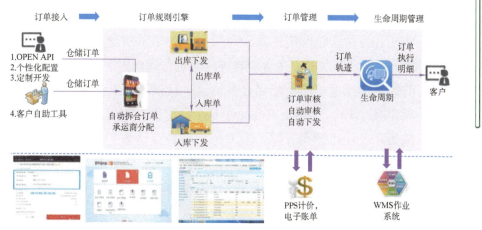

图 4-3 订单管理示意图

（2）智能预测。

结合机器学习和深度学习，提供快速捕捉市场波动的销量预测方案，具有强大的特征识别和挖掘能力、防止过拟合的优势、非常适合突发事件的预测，可提高企业预测准确率、辅助精准决策。

（3）商品溯源。

基于区块链技术为部分食品提供的溯源服务，记录食品在生产、仓储、物流各节点的状况，满足消费者的溯源需求，确保食品来源安全可靠。

3. 仓储管理

（1）数字化仓储。

通过实施数字化仓储，实现仓储全流程的线下转线上数字化管控，让业务更透明；通过作业数据实时采集和大屏监控，实现现场管理和资源调度可视化，让管理更轻松；通过引入智能终端和引导式作业工具，让仓库作业人员真正动起来，不再依赖于工作台、网络等限制，实现移动化，让作业更高效；通过大数据算法、模型在拣货路径规划、波次优化、作业进度预测及商品热度等方面的应用，提升作业效率，探索仓储智能化，让仓储管理变得更科学。

（2）智慧仓储。

①智能拣货路径。

拣货路径优化可以将各拣货库位间的最短行走距离看成一个旅行商

问题（Traveling Salesman Problem，简称TSP），并基于TSP等方法进行建模，实现各拣货库位间的拣货距离最短。通常采用遗传算法、蚁群算法、模拟退火算法和禁忌搜索等对该类问题进行求解。

当前拣货路径基于已生成集合单信息进行最短距离优化，主要是基于一个库存保有单位（Stock Keeping Unit，简称SKU）对应一个库位的情况，拣货路径优化效率有限。未来拣货路径可以基于实时库存信息进行操作，解决难适应单个SKU多库位摆放的情况，综合利用仓库中货位摆放及随机补货结果等信息，可以对仓库总体效率进行提升，突破当前拣货路径优化效率的上线。

②智能库区布局。

大部分仓库已划分出拣货区（Forward Area or Fast Pick Area）和存储区（Reserve Area）。而在仓库实际存储过程中，通常是仓库工作人员根据已有经验随意摆放，且每个SKU是集中在一个库位（或者数个相邻库位）。对于一些高销量、强关联性的SKU，仓库工作人员进行拣货时拣货距离过长，导致拣货任务耗时的增加。

智能库区布局模型的意义主要在于，根据货主的历史销量数据，动态地调整SKU在仓库中的存储库位，将高销量、高热度的SKU摆放在距离拣货任务起终点更近的库位，将关联性高的SKU的存储库位尽量靠近。另外可以根据仓库和货主的实际要求，对SKU采用分散化存储的策略。通过库位优化模块计算后的SKU存储库位，达到提高仓库存储库位合理性、提升拣货效率、降低拣货耗时的效果。

（3）智能拣货。

依托物联网技术，打通仓储硬件与仓储管理系统（Warehouse Management System，简称WMS），改变传统的拣货交互方式，人找货变成人货交互，让货架及库位主动告诉拣货员需要分拣的数量，免去需要人脑识别的操作方式。

①常温拣货：流利式货架+滚筒输送线+电子标签拣货系统（Digital Picking System，简称DPS），又称亮灯拣货系统。

②作业原理：DPS收到拣货数据后，DPS按库区门店顺序，依次亮

灯，作业人员按DPS指示数量进行拣货，拣货顺序按门店排序进行，直到所有门店完成拣货。

分拣作业具体流程如图4-4所示。

图4-4　分拣作业流程

③冷藏、冷冻拣货：中分+播种式拣货系统（Digital Assorting System，简称DAS）。

④作业原理：按SKU进行播种。卸货一整拖是一个SKU，中分人员拖着商品到各个路线通道进行中分（按通道分货），中分完成后播种作业人员按DAS指示灯进行播种至各个门店物流框。

中分与播种流程如图4-5所示。

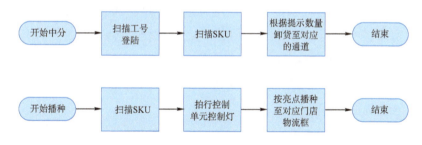

图4-5　中分与播种流程

4.运输管理

（1）智能路径规划。

在规划网络路由、班次衔接业务的基础上，针对所有限制条件及运输需求，利用网络流模型与时空网络模型对网络进行规划，再运用大规模邻域搜索算法和强化学习+蒙特卡洛树搜索，推演出可持续应用的最优网络规划，该网络模型具备的弹性、流式算法能力，可在突发性高峰、战略调整部署等复杂场景下，及时有效输出网络优化方案。

（2）智能配载。

通过自主研发的基于车辆路径规划算法和强化学习的线路规划模型

算法，可在短时间内计算出满足业务需求的支线提送货路径规划方案；该模型采用国际主流的大规模邻域搜索算法，具有大规模的邻域寻优能力，同时克服低效耗时的弱点；采取分布式架构进行算法的并行计算，实现超高并发、超大计算量的实时处理。

（3）智能交接。

到货交接时使用手机应用程序电子签收，实时在线跟踪订单状态、各类异常反馈。

5. 温控管理

（1）专业的仓储温控技术。

通过制冷设备控制库内的温度、湿度，保证商品低温存储，减少生产与销售过程中的损耗，保证存储品质。同时运用通过仓库监模块实时监控仓库温湿度状态，实时预警以保证货品安全存储。

（2）车辆全程智能温度监控。

通过车载或便携式制冷设备，定时上传车厢内部温度数据，实现运输过程实时温度可视和温度异常预警，确保货物全程冷链。

（3）订单全流程温度可视。

客户可以通过查询路由及温度情况，实现对订单全流程温度实时查看，让客户放心。

案例分享

店配智慧物流解决方案

依托顺丰强大的科技实力，针对门店配送具有小批量、多批次、串点及多温区（冷藏、冷冻、鲜食、常温）同配等特点，对运输时效、交接流程、配送质量高的要求。顺丰利用物联网、大数据、人工智能等技术手段为店配客户提供仓储到配送一站式的智慧物流解决方案。

以顺丰和某便利店客户的合作为例。各门店下单后，客户系统生成门店汇总订单，并将订单推送至顺丰系统。仓库在截单时间后，对订单建立波次、进行商品分配、拣货。同时系统根据订单的收货门店地址、收货时间及各种约束条件进行串点排线，生成配送线路并输出规划结果。仓库拣货完成后，按照规划线路装货发运、配送交接。全程可对车辆实时位置、轨迹、车辆温度程进行实时监控。

整体业务流程如图 4-6 所示。

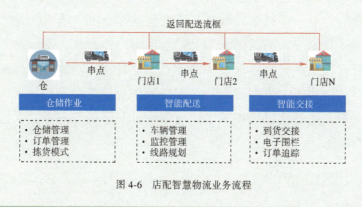

图 4-6 店配智慧物流业务流程

（四）经济效益分析

顺丰冷运在生鲜行业发端到端的全程可追溯的常温+冷链物流服务，克服生鲜品类对物流运输条件、物流时效等方面的严格要求，助力上游产地将商品快速分销至全国各地；在扩大销路和品牌提升方面，通过整合内外部线上线下销售渠道，助力农户和农业企业扩大销路，并开展智慧营销，协助地方政府打造生鲜农产品的知名度，驱动行业升级，为全国消费者带来极致消费体验。顺丰医药拥有五大闭环物流供应链服务能力，依托强大的信息技术和顺丰控股各板块资源联动能力，面对医药流通两票制的改革，顺丰医药和行业标杆客户一道探索出仓网布局、库存及物流管理、流通渠道及分销等一系列综合解决方案。

（五）下一步发展思路

2018年8月，顺丰控股与美国夏晖集团在深圳联合召开发布会，正式宣布在中国成立新夏晖（顺丰为控股股东）。新夏晖成立后，在夏晖国内供应链物流业务的基础上，合作双方发挥各自在冷链物流领域的优势和"1+1>2"的协同效应，结合中国市场的多元化需求不断开拓创新，全力为客户提供一体化的综合物流解决方案，并为中国冷链物流的发展提速持续赋能。

未来，顺丰控股将持续夯实冷运网络底盘能力，通过布局科学且运营高效的"区域配送中心+配送中心"冷仓网络，建立高效率高质量的城市配送网络，进一步打造完善"基于销售地冷仓网、直通产地运输、后端面向门店和消费者的城市配送"的端到端冷链解决方案。此外，公司将通过运营模式优化、自动设备的投入、信息技术功能系统化和外部资源合作等关键措施，进一步提升冷运资源作业效能和管理效率，降低内部运营成本，更好地保障端到端冷链解决方案运营与服务，促进冷链业务的快速发展。

三、案例评析

顺丰冷运迅速铺展冷运业务，在短短的几年时间里，已经跃升为冷链行业翘楚。顺丰冷运的核心商业模式从价值链上体现为"基于消费地仓储+产地整发+覆盖城市末端配送"的端到端冷链解决方案，通过采用先进的信息技术手段——智慧冷链物流系统方案为客户提供优质服务。

案例5　辉源供应链
——快速消费品供应链综合服务商

一、发展概况

（一）企业简介

辉源（上海）供应链管理有限公司（以下简称辉源）创立于2008年，总部在南京，注册资本1000万元，是集各种物流于一体、跨区域、网络化、信息化、智能化、具有整体物流整合方案及供应链管理能力的大型综合性、全国性第四方供应链服务商。辉源与通用磨坊食品有限公司、星巴克等众多国内外知名客户形成了良好的合作伙伴关系，并通过组织集中招标、竞标、投标等方式不断优化供应商资源，降低客户运营成本，提高整体运营效率。

辉源在全国拥有常温、冷冻、恒温、冷藏等可调配仓库1877个，共计337万平方米，在北京、天津、济南、上海、苏州、杭州、宁波、南京、厦门、深圳、广州等地区整合了丰富的仓储资源，设有28个配送中心、52个区域分拨中心。可调配自有及社会加盟车辆40000辆，构建了覆盖30多个城市的散装网、70多个城市的冷链网、100多个城市的普货网，400个直营门店，4000个销售渠道，超过20万个终端门店构成的地网，全国干线线路1100多条，同时搭建"最后一公里"和"最后一百米"的冷链城市配送网，针对不同客户在不同区域的需求提供最便捷、最高效的运输服务，辉源集团总部还在美国、加拿大、澳大利亚、新西兰等13国建立了基地。

截至2018年12月中旬，辉源营业额达31000万元，净利润1850万元。连续多年荣获国家和省市各类机构颁发的荣誉称号和奖项。

(二)发展历程

2007—2008年,辉源与通用在全国各地的仓储服务业务陆续展开。

2009—2010年,辉源与通用北京地区湾仔项目仓储运输合作全面展开。

2011年,辉源与通用西安休闲仓储业务合作全面展开。

2012年,辉源与通用上海区域冷链合作全面展开。

2014年,辉源与通用上海区域哈根达斯项目合作展开。

2015年,辉源与通用苏州、厦门、济南湾仔码头项目经转直合作模式开始,北区、南区哈根达斯项目合作展开;辉源与外红就明治产品仓配项目达成业务合作关系并开始运营。

2016年,辉源与通用北京区域优诺酸奶仓储、运输业务全面展开;辉源与益海嘉里苏州运输业务合作展开。

2017年,辉源与通用华东区域(苏州、南京、宁波、杭州)优诺酸奶仓储、运输业务全面展开;辉源与三家三控股、海升集团达成战略合作;与卫岗乳业上海仓配业务合作展开;与星巴克青岛干线运输业务合作展开。

二、发展策略

(一)服务模式与核心优势

辉源围绕国家经济民生相关的快速消费品制造企业提供全程供应链管理服务,以物流网络为切入点,从客户原材料端到生产端、生产端到销售端、销售端到终端,针对四个端三个环节进行上下游资源整合,致力于提高客户品牌价值、推广客户产品、减少流通环节、降低管理成本、优化服务便捷、保障品质安全,以覆盖全国的物流网络优势不断降低客户运营成本,达到全程绿色健康服务的宗旨,是真正实现商流、信息流、人流、物流、资金流于一体的快速消费品供应链综合服务商。其服务模式如图5-1所示。

(1)定制。辉源拥有一支专业的全程供应链服务团队,具有丰富的团队管理经验,能够为核心企业量身定制高质量、低成本、高效率的标准操作流程，提供原材料采购至终端销售全程专业服务。

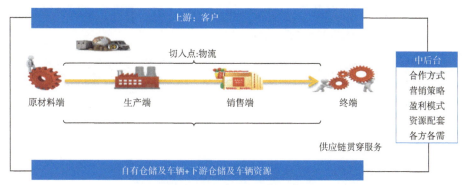

图 5-1　辉源服务模式

（2）专业。通过多样化业务形态贯穿客户的"四个端三个环节"以及上下游，同时透彻分析客户现有供应链模式和每个节点的具体需求，发挥第四方企业资源优势，严格把控各个节点的运营标准，提升客户运营质量，通过综合物流达到全程贯穿。

（3）安全。拥有稳定与全覆盖的网络、专属网站及全程实时监控系统、全方位的保险覆盖（现行赔付机制）以及严格的安全培训和巡查执行。

（4）价优。利用自有仓储网络和干线对流网络的支持，实现产品与资源的整合，达到成本最低化，同时根据客户需求提供相关增值性服务。

（5）便捷、快速。全面的网络覆盖、网点分布密集，以点到点、无中转环节的形式，满足客户时效需求。

（6）信息化。专属网络/电话、信息系统（如经营类运营管理系统、仓储管理系统、运输管理系统、手机应用程序、物托帮电商平台等，管理服务支持类，如财务系统、客商系统）等。

（7）供应链优化。通过对供应链的优化，帮助企业减少中间环节，实现企业准时制生产，达到让合作伙伴专注于核心技术研发，品牌价值提升以及市场研究拓展的目的，提升运营效率。

（二）标准的业务模式及运作流程

辉源在仓储、短驳、干线、市配各类业务中采用标准的业务模式及运作流程，有效保证了服务质量。发货及时率与准确率≥99%，到货及时率≥98%，在途温度达标率≥100%，回单及时率与有效率≥100%，客户满意度≥98%。其仓储装卸、短驳运输、干线运输、城市配送等业务流程如图5-2、图5-3、图5-4、图5-5所示。

图 5-2　仓储、装卸业务流程

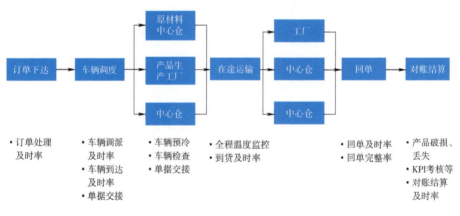

图 5-3　短驳业务流程

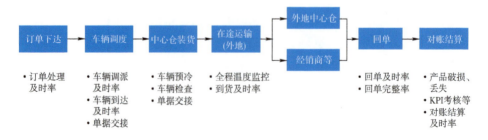

图 5-4　干线业务流程

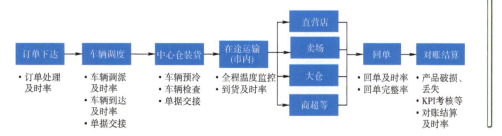

图 5-5 市配业务流程

案例分享

辉源与通用磨坊的共赢之路

通用磨坊是一家世界财富500强企业,世界第六大食品公司,专注于谷物类、乳品类食品的不断创新,旗下拥有100多个品牌,产品行销全球百余国家和地区,年销售额超过140亿美元。著名品牌包括:湾仔码头、哈根达斯、优诺酸奶等,品牌影响力在全球认知度极高。

2005—2006年,辉源集团与通用磨坊开启了共赢之路,至今已合作11年。辉源为通用磨坊提供全面、专业化的冷链物流服务,使通用磨坊专注于产品研发、市场营销、品牌宣传,准时制原则与供应链结合,双方合作不断加深,建立了更加深厚、牢固的合作情谊,形成共赢合作典范。通用—辉源项目全程物流供应链服务模式如图5-6所示。

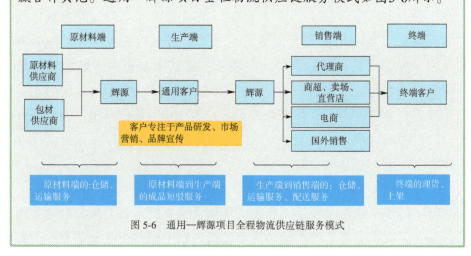

图 5-6 通用—辉源项目全程物流供应链服务模式

（三）信息化建设

辉源全产业链信息监管平台，包括仓储管理系统、运输管理系统和运营管理系统等，记录全程冷链流通中的订单信息、产品出入库时间、在库温控信息、车辆装卸信息、车辆在途温控信息等。

运输管理系统：订单信息、司机信息、在途车辆行驶轨迹、实时监控车内温度等。

仓库管理系统：订单信息、产品库存、出入库信息等。

系统全国推广完毕后，通用客户将从原先的一对多系统变为一对一系统实时监控管理，优化查看功能，真正实现平台型系统的大数据分析功能。

（四）下一步发展思路

1. 进一步完善基础设施布局

辉源下一步将在全国陆续完成45个前置仓的建设工作，更好地为客户提供降本增效的增值服务功能，具体为：2019年10月完成上海外环以内15个前置仓建设；2020年6月完成北京12个前置仓建设；2021年5月完成广州10个前置仓建设；2021年底月完成成都8个前置仓建设。

2. 增加投入，保持与快消客户的长期战略合作

为了与快消客户保持长期的战略合作，辉源计划投入资金10500万元在上海、北京、广州、成都自建仓，保障通用客户稳定的市场销量需求，同时也在一定程度上为通用客户缓解因仓储成本持续上涨带来的压力，为客户提供定置化的仓储服务。北京中心仓：计划2019年10月份启用，预计投入资金2500万元；上海中心仓：于2018年底启用，已经投入资金4000万元；广州中心仓：于2020年6月份启用，预计投入资金2500万元；成都中心仓：于2021年6月份启用，预计投入资金1500万元。

3. 完善信息系统建设

将辉源各项业务充分与辉源集团信息管理系统全面对接，利用集团大数据、智能供应链平台及资源优势，通过四个端三个环节的贯穿为客

户提供更优质、更完善的服务,持续降低客户成本并为客户提供实时数据反馈,不断提高客户满意度,最终实现系统的全程供应链无缝对接。其信息系统架构如图5-7所示。

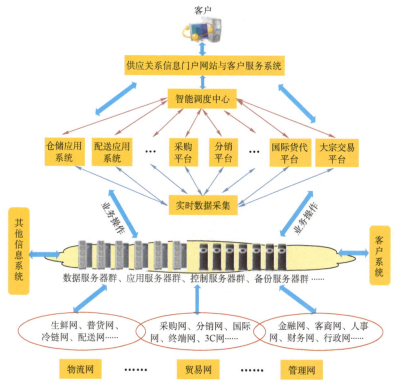

图 5-7　信息系统架构

三、案例评析

辉源与快消品制造企业建立了长期稳定的合作关系,从原材料端到生产端、生产端到销售端、销售端到终端,针对四个端三个环节进行上下游资源整合。辉源特别注重仓库建设运营,利用覆盖全国的自有仓储网络和干线对流网络的支持,不断降低客户运营成本,提升效率。同时针对仓储、短驳、干线、市配不同业务均采用标准化流程,有效保证了服务质量。

案例 6　亦芙德供应链
——创新型生鲜供应链一站式服务平台

一、发展概况

（一）企业简介

上海亦芙德供应链管理有限公司（Efood）（以下简称亦芙德）成立于2015年11月，注册资本241.3万元。创始人及核心业务团队具有农业专业的教育背景及多年的大型农业企业生鲜供应链管理的实践积累。亦芙德是一个围绕生鲜农产品供应链的一站式服务平台，主要为连锁餐饮、商超企业以及生鲜电商平台提供定制化的供应链解决方案及落地运营服务。截至2018年底，亦芙德拥有8000多平方米冷库，拥有满足日处理3万单一站式服务的能力，能为上海、北京、广州、成都等大区域内客户提供专业生鲜供应链服务。发展至今，亦芙德已为优芙得、麦金地、悦思意、上海学校餐饮、神龙氏、楚阳等多家大型餐饮企业，以及苏宁小店等商超客户提供原材料供应链服务，并与上海市团餐企业联盟——精采荟达成战略合作关系。

凭借着先进的管理理念及专业的服务能力，亦芙德得到了业界的极大认可和资本界的高度关注。亦芙德是由上海交通大学创业基金投资并重点扶持的创业项目，成立时获得上海市大学生科技创业基金股权投资，2016年6月获国内知名投资机构华瓯创投500万元投资，企业获奖情况如图6-1所示。

（二）发展历程

1. 起步投入期（2015—2018年上半年）

2015年底至2018年上半年，公司在团队组建、业务模型搭建、标准示范库改造以及系统开发等方面进行投入,为连锁餐饮企业、连锁商超、生鲜电商等各类企业提供了高品质的生鲜供应链管理服务,业务范围实现不断拓展。企业业务发展情况如图6-2所示。

图 6-1　亦芙德荣誉证书

图 6-2　亦芙德业务发展概况图

2.加速发展期(2018年下半年至今)

随着与团餐企业联盟——精采荟开展业务合作,亦芙德业务规模实现大幅扩张,公司进入加速发展期。2018年下半年,亦芙德与团餐企业联盟业务整合测试正式启动,业务增长的体量在第四季度逐渐体现。2019年亦芙德全面启动上海团餐供应链业务整合。企业业务规模增长变化与预测情况如图6-3所示。

图 6-3 亦芙德业务规模增长变化与预测情况

二、发展策略

（一）创新生鲜食材供应链服务模式

近年来，餐饮及商超企业呈现规模化与连锁化发展趋势，食材供应链市场规模约达1.5万亿元，年增速超过10%，供应链效率逐步成为影响企业核心竞争力的重要因素。同时，全国生鲜电商企业有4000多家，其中盈利仅占1%，亏损达88%，后端生鲜供应链管理已经成为行业发展的隐疾。然而，我国领先的餐饮供应链企业市场占比不足0.03%，美国最大的餐饮供应链企业—SYSCO市场占比达到18%。由于缺乏规模化专业生鲜供应链服务商，导致产品供应极为分散，供应、仓储、配送、结算等环节严重脱节。一方面，产品品类杂多、标准化程度低，质检流程不专业、作业流程不规范、管理体系不健全，导致食材损耗率高、食品安全难以保障；另一方面，采购渠道分散导致配送资源难以整合，配送的效率低成本高，企业仓储及管理成本居高不下。亦芙德通过创新生鲜食材供应链服务模式，重点解决严重制约连锁餐饮和商超行业的发展瓶颈，改变小企业因受到供应链的制约而无法做大、大企业因找不到专业的社会化服务商而不得不投入巨大的成本自建供应链这一现状。

1. 提供全品类与全流程的一站式管理服务

亦芙德针对客户需求与当前的行业痛点，提供全品类与全流程的一站式服务解决方案，服务内容包括产品标准化管理、采购管理、质检、粗加工、包装、存储、配送、结算等全品类与全流程一站式管理服务。

通过整合上游生产与种植企业的产品及仓储物流资源，利用亦芙德的专业化的生鲜农产品供应链管理能力，应用技术手段和信息化平台，打通采购、流通及销售环节，为客户制定从产品标准化管理、供应商管理、订单管理、仓库管理、存储与物流配送管理、对账与结算管理等供应链一站式解决方案，如图6-4所示。

图 6-4　亦芙德生鲜食材一站式供应链服务解决方案

在实际操作中，亦芙德根据客户订单进行集采，集采后经过严格的质检、分级挑选、加工、装箱定规等操作环节，按客户需求进行集中配送，实现定时、定点配送，完成从订单处理、质检、仓储、分级、包装到配送的全品类全流程"端到端"集中供应链代运营服务。企业供应链服务平台特点如图6-5所示。

2.基于信息化构建自优闭环的业务流程

信息化是执行和优化供应链业务流程的工具和载体，能够有效提高业务流程的运行效率和响应速度。亦芙德自主研发了生鲜供应链管理平台。纵向上，通过"端、网、云"的三层构建具备数据采集、网络集成、决策分析的三层信息化体系，对供应链管理整体运营形成科学决策，并通过数据集成和分析过程逆向对各网络和终端数据采集形成效益优化，形成数字化体系，并构建双向自优化闭环系统。横向上，通过

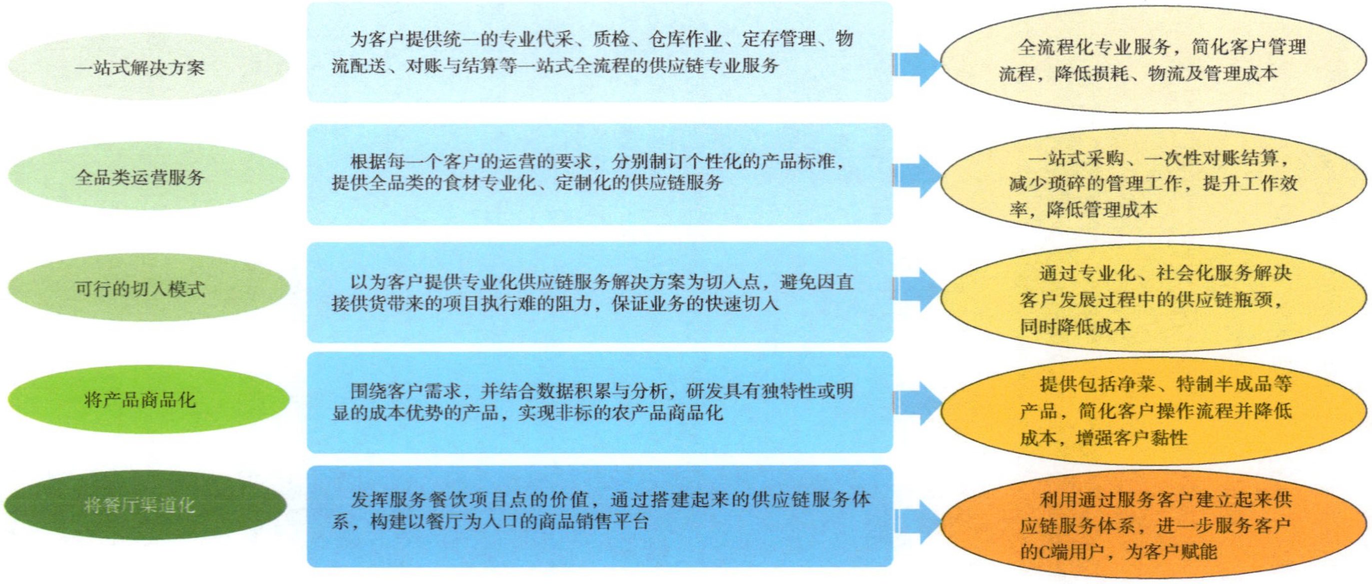

亦美德供应链服务平台的特点

一站式解决方案
为客户提供统一的专业代采、质检、仓库作业、定存管理、物流配送、对账与结算等一站式全流程的供应链专业服务
→ 全流程化专业服务，简化客户管理流程，降低损耗、物流及管理成本

全品类运营服务
根据每一个客户的运营要求，分别制订个性化的产品标准，提供全品类的食材专业化、定制化的供应链服务
→ 一站式采购，一次性对账结算，减少琐碎的管理工作，提升工作效率，降低管理成本

可行的切入模式
以为客户提供专业化供应链服务解决方案为切入点，避免因直接供货带来的项目执行难的阻力，保证业务的快速切入
→ 通过专业化、社会化服务解决客户发展过程中的供应链瓶颈，同时降低成本

将产品商品化
围绕客户需求，并结合数据积累与分析，研发具有独特性或明显的成本优势的农产品，实现非标的农产品的产品商品化
→ 提供包括净菜、特制半成品等产品，简化客户操作流程并降低成本，增强客户黏性

将餐厅渠道化
发挥服务餐饮项目点的价值，通过搭建起来的供应链服务体系，构建以餐厅为入口的商品销售平台
→ 利用通过服务客户建立起来的供应链服务体系，进一步服务客户的C端用户，为客户赋能

图 6-5　亦美德供应链服务平台的特点

"行"关注"互动、操作、知识"三个层次构建执行过程体验、学习到知识的三层经验学习体系自优闭环,将品类标准、作业标准、流程节点、信息数据透过体验化的终端操作系统,强化多线程操作的协同性,以及通过模块化标准作业培训体系是客户一线采购操作和收货简易上手,支持客户快速推广和快速业务扩张。具体生鲜农产品供应链管理定制解决方案如图6-6所示。

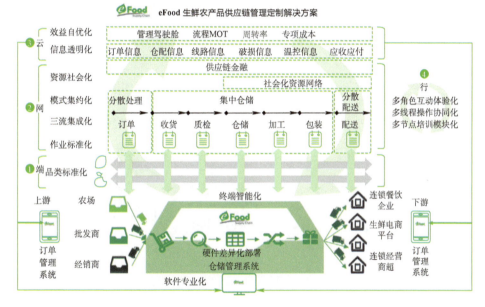

图 6-6 亦芙德生鲜农产品供应链管理定制解决方案图

亦芙德将供应链一站式服务过程的每一个环节都纳入信息管理系统。具体内容如下:

1)端——基于品类标准的智能终端数据采集

(1)标准化品类基础。

亦芙德确定了非标农产品生鲜品类标准,根据品类标准和标准化作业体系将非标品转变成标准的生鲜产品,基于品类标准进行非标品质检、整理、分级、包装和商品化过程。包括品类信息、质量要求标准、储存温度标准、包装箱规要求、标准照片、拒收照片、拒收商品指标要求,实现品质分级。其标准化管理流程如图6-7所示。

图 6-7 亦芙德产品标准化管理流程

（2）专业化软件部署。

客户可通过亦芙德生鲜订单管理系统的可视操作界面进行下单体验，界面简洁、操作方便；贯穿整个供应链过程的生鲜仓储作业管理系统在客户订单、供应链下单、仓库出入库、物流数据、价格及资金等方面实现了跨界面信息一致。其生鲜供应链管理系统界面如图6-8所示。

- 清晰品类标准
- SKU名称、价格规范支持订单便捷操作
- 价格根据产品分级实时维护
- 订单处理状态实时跟踪
- 采购快速交付
- 到货确认自动签收
- 采购成本实时展现

- 可视化订单大宗生鲜交易平台
- 标准化、精准生鲜供应链作业体系
- 专用生鲜作业工具与创新性保鲜专用材料
- 多品种生鲜质检协同结算
- 完整的生鲜农产品追溯
- 多品种生鲜供应商协同管理
- 生鲜品快速交付与支付一体平台

图 6-8 亦芙德生鲜供应链管理信息系统

（3）智能化终端部署。

通过系统、智能手持终端（Personal Digital Assistant，简称PDA）、无线数据采集及传感设备部署在生产源头、仓配源头及客户终端等各个端口，每个端口数据交汇到数据中心，可以监管到每一个环节，形成在多节点业务流中的正向追踪和逆向追溯，根据追踪和追溯结果对相应环节进行调整修正或完善优化。其供应链智能化终端部署如图6-9所示。

图 6-9 亦芙德供应链智能化终端部署

（4）差异化硬件部署。

标准化硬件部署是标准化作业的基础，亦芙德对质检台、托盘、加工台、包装工具等加工设备设置统一规格、标准规范；同时，根据不同农产品品类，设置差异化温控环境标准，保证流通过程集成衔接。在仓储环节设置多温区存储标准，在转运、加工、包装环境设置温控环境，在配送环节根据不同温层的订单需求设置不同品类的温控环境，保障产品质量。

2）网——基于模块节点的贯通流程网络集成

（1）社会化资源网络。

构建地面运输配送资源、仓储资源、供应链金融资源的社会化网络，形成一定的准入机制和服务考核机制，并基于云端数据分析和服务费激励政策进行服务质量控制和改进优化驱动。

（2）集约化配送网络。

亦芙德采用集中配送模式，优化客户配送线路，减少配送次数，实现供应链管理集约化发展。其集约化配送网络如图6-10所示。

（3）集成化流程网络。

打通代采购、流通及客户终端配送全流程，形成一站式供应链管控及服务模式。将订单流、物品流和资金流通过多节点业务流实现三流集成，形成正向可追踪、逆向可追溯的订单、资金、质量、物品到货等一系列关键绩效指标（Key Performance Indicator，简称KPI）体系问责机制。集成化业务流程网络如图6-11所示。

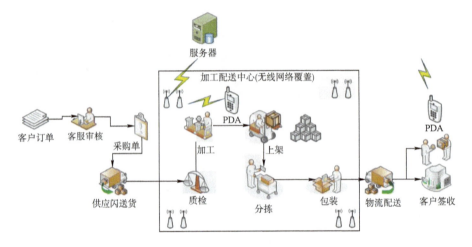

图 6-10 集约化配送网络

图 6-11 订单流、货物流与资金流三流集成

（4）模块化作业网络。

构建中心管理、包装、仓储、物流、订单、资金等节点模块，建立标准化作业体系，实时跟进仓储、订单、采购、物流及资金情况。通过监控、视频及流程终端进行展现，权限内人员对定点模块信息掌控，可

实现动态监控及实时处理。模块化作业网络如图6-12所示。

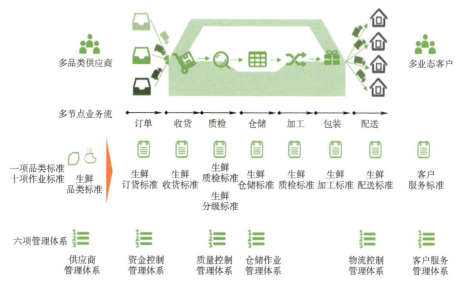

图6-12　品类标准及作业管理体系

3）云——基于透明信息的全息效益优化循环

（1）透明化数据信息。

将农产品的采购、分级、整理、标准化装箱定规、物流配送、终端客户各个环节的关键信息纳入到信息化管理系统，包括订单管理、仓配管理、食品安全追溯系统，使得每个节点的信息都有据可查。

（2）自优化效益分析。

数据信息的实时反映，可以监管各环节的操作，利于各环节对实际情况的了解，遇到问题可及时自查自纠，也利于他人监管。

4）行——基于快速执行的知识学习自优循环

客户通过可视的操作界面进行订单下单体验，界面简洁且操作方便；同时跨界面信息一致，在客户订单、供应链下单、仓库出入库、物流数据、价格及资金等方面信息保持一致。

3. 通过规模化发展推动平台的价值链形成

供应链管理的目的在于通过合理的计划，协调所有经营活动以尽可能低的成本达到提供理想化服务的目的，满足业务快速发展的需求。亦芙德的目标是让供应链成为用户的增值链，通过提供专业化与平台化供应链服务切入市场，快速形成服务规模并完善供应链服务体系后，为用户创造价值，逐步增强客户黏性，构建以供应链服务为基础，打造从供应链到产业链、价值链的服务平台。亦芙德供应链服务平台的盈利模式如图6-13所示。

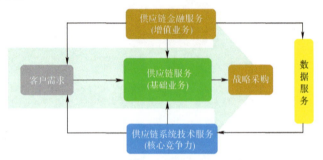

图6-13　亦芙德供应链服务平台的盈利模式

（二）经济效益分析

亦芙德定制化的生鲜农产品供应链解决方案，不仅在世界500强企业的供应链改革试点中取得了成效，同时在为韩国悦思意及优芙得、麦金地、楚阳等国内知名餐饮企业提供的专业供应链服务过程中得到了验证。该模式带来了巨大的经济效益和社会效益。一方面，通过提供专业的供应链服务，提升供应链整体管理水平，大幅降低了客户的管理成本、采购成本及物流成本，提升供应链效率。另一方面通过信息化管理整合上下游资源，发展共同配送有效节约社会资源。同时，智能化手段、信息化服务实现了产品信息的全程可追溯，各环节操作可以得到有效监管，有效保障食品安全。

（三）下一步发展思路

上海作为亦芙德的总部，公司将深耕上海及长三角市场。下一步亦芙德将以上海为示范模板，在北京、广州、深圳、成都等主要城市集中打造生鲜供应链服务示范园区，通过亦芙德专业供应链服务平台在全国主要城市进行孵化与推广，进而整合行业资源服务于全国性的连锁餐饮和商超客户。

1. 提升生鲜供应链能级，构建高效、标准化生鲜交易模式

传统生鲜农产品标准化程度低，交易方式必须为现金、现场交易，整个交易效率低下，很难形成集中规模化、产业化的经营模式，极大地限制新经济模式的发育与发展速度。在新设立的专业生鲜供应链服务园区内部，形成标准化的生鲜作业体系、生鲜工艺流程、专业生鲜装备，在大大提高交易效率的同时，也能满足不同等级市场客户的需求，大大减少城市菜场、城市居民生鲜类产品垃圾，美化城市环境，减少浪费。

2. 提供供应链金融服务、构建生鲜供应链生态体系

生鲜供应商大都是个体从业者或者规模较小的企业，其客户主要是商超、团餐以及菜场经营户，客户账期往往较长。生鲜供应商受到资金影响，导致其规模及服务质量不足，一方面通过金融支持可以优选并支持合格的生鲜供应商，另一方面通过供应链服务体系，又能准确地知道其经营状况，形成自我优化、自我驱动的良性发展的局面。

3. 构建集中、协同、高效的生鲜城市共同配送体系

长期以来，城市生鲜产品由各供应商分别配送，造成成本高、效率低、城配车辆装载率低、食品安全难以保障，同时造成城市拥堵和能源浪费。构建集中、协同的生鲜产品城市共同配送体系，可以构建生鲜服务网络与系统，形成供应商集中送货到服务园区，再由园区统一调配城配资源，统一配送，形成生鲜供应商专业化分工体系，改变产品生产者既做供应商还要同时兼做配送商的现有模式，大大提高资源配置的效率。

4. 食品安全与追溯集中管控

现有供应商零散供应、零售配送，导致供应链全程监控成为摆设，需要构建统一的服务园区及对应的服务体系。集中统一的服务园区不仅可以从源头上把控生鲜产品品质，还能做到加工、分拣、配送、质检的全程监控服务，从根本上解决的食品安全管理问题。

三、案例评析

亦芙德通过专业化、社会化、信息化的管理服务平台，以及专业的

产品和作业流程标准化能力，创新生鲜农产品供应链一体化服务模式，解决了餐饮及商超行业在连锁化发展趋势下普遍遇到的供应链发展瓶颈的问题，极大地提升了生鲜农产品供应链管理水平。集中配送模式促进了供应链运作的降本增效，标准化体系提高准确率、降低损耗率，智能化技术应用和网络系统的搭建实现流程正向追踪和逆向追溯，确保生鲜食材安全，而其模块化、流程化和体系化管理使得操作简便易行，在生鲜农产品的供应链管理方面具有较高的推广价值。

当然，亦芙德管理模式的发展时间尚短，还存在服务规模小、供应链社会化意识不强、专业人才经验不足等问题，未来通过行业内资源整合、优势互补的战略合作，不断积累发展经验、不断优化发展模式，切实为破解生鲜农产品零售行业痛点、实现跨越式发展贡献力量。

第二章

仓干配一体化服务企业

第二章 仓干配一体化服务企业

案例 7　希杰荣庆——仓干配一体化创新服务典范

一、发展概况

（一）企业简介

希杰荣庆物流供应链有限公司（以下简称荣庆物流）成立于1997年，注册资金5亿元，是国家AAAAA级大型综合性物流企业。其总部位于上海，已成立分支机构120余家，是一家多元化发展的中外合资企业。荣庆物流是一家集冷链、普运、化工为核心业务的综合物流企业，服务范围涵盖干线运输、终端配送、现代仓储、包装、驾驶员培训、汽配供应、汽车维修、保鲜冷藏箱生产、蔬菜食品冷藏加工等领域，已成为物流产业链齐全的现代物流供应链企业。2018年，荣庆物流运营服务网络已覆盖全国1500多个城市，冷链业务范围辐射全国一线城市和部分二、三线城市，涉及食品、商超、餐饮、医院、电子等低温物流服务需求行业，服务对象以合约市场客户为主，主要客户如图7-1所示。荣庆物流拥有70余万平方米的高端普货、冷链、化工仓库，1500余辆自有车辆，其中冷链车辆450余辆，荣庆物流仓库资源分布情况如表7-1所示。为实现企业的战略转型，荣庆物流正在实行"仓干配一体化"运营模式。

表 7-1　荣庆物流仓库资源分布情况

区　域	仓储面积（平方米）	区　域	仓储面积（平方米）
长三角	430000	陕西	15000
广东	80000	新疆	5000
京津冀	70000	吉林	3500
山东	40000	福建	2000
湖北	30000	辽宁	1000
四川	15000	黑龙江	1000

中国冷链物流发展典型案例

图 7-1 荣庆物流冷链业务主要客户情况

荣庆物流通过了国际标准化组织 ISO 9001 质量管理体系和欧洲道路安全质量评估体系（Road Safety & Quality Assessment System，简称 RSQAS）等冷链、化工领域的行业认证，入选交通运输部甩挂运输试点企业、中国食品和中国药品冷链物流国家标准示范企业，获得来自于行业和客户方面的各类奖项。企业通过的认证情况和获奖证书如图 7-2 和图 7-3 所示。

图 7-2　荣庆物流通过的认证情况

图 7-3　荣庆物流的获奖证书

（二）发展历程

1. 起步发展，积累运作经验（1997—2010 年）

1997年，荣庆物流正式成立，主要服务于山东农产品物流。2004年，荣庆物流正式开展冷链业务，通过短短几年时间，就在市场上初步打出了荣庆冷链的品牌知名度。2007年末，香港今日资本对荣庆物流完成第一轮2亿元注资，组建合资企业山东荣庆物流有限公司。2008年，荣庆物流开始拓展化工业务，同年入选奥运会物流服务商。2010年，荣庆物流入选上海世博会物流承运商。多年的发展促使荣庆物流在冷链物流方面得到不断锤炼和检验，成为冷链业务快速发展的催化剂。

2. 规模扩张，打造领先实力（2011—2014 年）

2011年，荣庆物流制定发展战略，正式将冷链业务确定为三大支柱业务中的龙头业务。同时，荣庆物流获加拿大Pamoja集团B轮3亿元注资，重点用于投建"冷链"。企业累计投入数亿元用于冷库、冷藏车等固定资产和基础设施投资，形成巨大的冷链物流资源优势，在业内处于领先的地位。同时，企业逐步在全国建成的运营服务网络，基本涵盖了沿海省份的大部分城市和中西部省份的省会城市及重要城市。由于服务能力领先同行，荣庆物流冷链业务的优质客户源源不断，先后获得了玛氏、哈根达斯、金帝、费列罗、肯德基、必胜客、诺和诺德、国药、湾仔码头、三全食品等国内外众多知名品牌的青睐，已成为冷链物流合约市场的领跑者。

3. 深耕细作，走向国际市场（2015年至今）

根据市场发展总体趋势和客户需求，荣庆物流开始发展冷链仓、干、配一体化服务，业务拓展到生鲜配送领域，冷链业务进入快速发展的战略机遇期。2015年9月，荣庆物流与韩国希杰大韩通运签署部分股权转让协议，希杰大韩通运是韩国最大的合同物流和快递公司，拥有完善的国际物流网络和丰富的物流供应链运营经验。两者合作从而实现强强联合，利用双方高度互补的优势资源深耕国内市场，同时开启国际化的发展道路，为公司进一步提升综合竞争力并走向国际市场奠定了坚实的基础。预计2020年荣庆物流营业额将达到100亿元。

二、发展策略

（一）"仓干配一体"的服务模式

传统物流仓储在分拣场地和人力控制、运作模式等方面都面临发展瓶颈，未来仓储企业、运输企业、配送企业将形成紧密合作来实现一体化物流服务。一方面，客户希望只面对一家物流企业，而不希望面对流程中的多家物流企业，这就要求有人把仓、运、配整合起来，提供一体化的服务；另一方面，业务流程整合中存在优化的空间，对服务商也是有价值的。因此，"仓储—干线运输—运转中心—营业站点—终端配送"的一体化运营模式已成为发展趋势。

长期以来，荣庆物流始终坚持"客户至上、追求卓越"的经营理念，将"服务领先"作为企业赢得客户的根本。荣庆物流秉持"业务协同、资源共享、独立运作"的发展理念，结合自身资源优势，采用"仓干配一体"的运营模式，专注于合约物流，定位中高端市场，针对不同的客户定制个性化服务方案，主要解决卖家货物配备（集货、加工、分货、拣选、配货、包装）和组织对客户的送货。通过一站式仓储配送服务实现货物运营流程无缝对接，实现企业高效、系统运转及货物安全快捷运行，全方位为客户打造贴心服务。

1. 以资产规模化、智能化形成独有竞争优势

冷链物流设施设备投资大，存在一定的行业壁垒，且全程温控制需要严格的过程管理，对资源整合能力要求较高。经过多年的深耕，荣庆物流在冷链物流基础设施方面形成了巨大的资源优势，具体体现在以下两方面：

一是资产规模化优势。荣庆物流拥有规模较大的冷藏运输车队，拥有390余辆各种型号的冷链车辆，其中90%是自有车辆；公司拥有27个区域物流基地，冷库资源面积达到20万平方米，主要仓储地产资源如图7-4所示。长期以来，荣庆物流主要服务于企业与企业之间（Business-to-Business，简称B2B）的物流业务，已建立较为成熟的加工车间，以备仓储增值优势服务项目之需；同时，重新规划占地1000平方米的服务于企业与消费者之间（Business to Customer，简称B2C）物流业务的试点小型仓，用于满足电商订单集中分拣需求，预计实现日分拣力达1000个订单。

二是资产智能化发展优势。荣庆物流一直在推行全程透明化的冷链运作流程，通过提升设施设备数字化水平，实现全程运输导航、跟踪、车厢温度实时动态回传，满足智能仓储和智能运输需求。荣庆物流的冷藏车辆设施系统较为完善，企业在所有车辆上安装了GPS定位系统进行车辆调度、跟踪，保证了行车安全；所有冷链车辆均安装了温、湿度探头，对在途运行车辆实施全程跟踪监控，持续实时上传在途位置和温、湿度数据信息，并与预设的警戒数据进行自动比对，一旦温、湿度数据超出合理区间，系统将自动报警，同时启动应急响应程序，指导驾乘人

员紧急进行检查维修以及采取其他应急措施，以确保运输货物的安全。严格、规范和不间断的跟踪监控，使得原来不可控的在途运输过程变得透明化。

图7-4　荣庆物流主要仓储地产资源情况

2. 以强大的信息系统实现业务高效对接

荣庆物流非常注重企业信息化建设，投入大量资金开展信息系统建设，自建60余人研发团队。荣庆物流不仅注重自身核心业务系统的开发建设，对于客户应用系统的开发也投入了相当大的资源。通过建立强大的信息系统，实现订单管理系统（Order Management System，简称OMS）、仓储管理系统（Warehouse Management System，简称WMS）、快递公司系统之间协调运作，持续强化企业仓储物流优势，与客户的业务流程形成无缝对接。例如，凭借电子数据交换系统（Electronic Data Interchange，简称EDI）与客户的对接实现相关信息和数据的传递反馈；通过短信、微信及客户自助平台的建设，最大程度提升用户体验，满足客户便捷性的需求。仓干配一体化业务流程如图7-5所示。

荣庆物流OMS已逐步实现从传统的电话、邮件到EDI自动对接的转化，通过文件传输协议（File Transfer Protocol，简称FTP）、安全文件传送协议（Secure File Transfer Protocol，简称SFTP）、超文本传输协议（HyperText Transfer Protocol，简称HTTP）等传输工具实现与玛氏、合生元、国药物流、惠氏、施耐德等多家客户企业的系统对接。智能化运输管理系统（Transportation Management System，简称TMS）集订单处理、运输调度、作业跟踪、路线管理、资源管理、计费与结算管理为一体，通过外协车辆管理平台和自有车辆管理平台进行车辆资源管理，可实现自动匹配车型。通过订单匹配绑定车型、系统匹配车辆资源与车型，合理调度车辆及资源。同时，荣庆物流采用智能手持终端（Personal Digital Assistant，简称PDA）进行出入库扫描，减少分拣、装车、配送环节窜货问题。现场监理通过手机应用程序（Application，简称APP）提报货物详细信息，提高信息反馈及时性，提升货物分拣准确性。驾驶员通过手机APP进行任务全程监控，终端客户签收等级，并上传回单，共同实现供应链全程管理和可视。

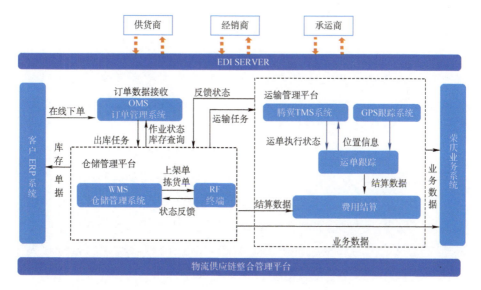

图7-5　仓干配一体化业务流程图

荣庆物流打造了商业智能系统（Business Intelligence System，简称BI），从行业、收入、毛利、货量、线路等不同维度对公司运营情况进行可视化展示，来辅助制定管理决策。

> **案例分享**
>
> ## M公司企业"仓干配一体化"方案
>
> M公司是荣庆物流重要的合约物流客户，双方已建立起多年的业务合作关系。M公司是全球最大的食品生产商之一，素有"食品行业里的宝洁"之称，旗下拥有众多世界知名的食品品牌。荣庆物流贴心的服务意识、精准的服务定位、优异的运营规划和方案设计、高效的执行能力等，多次荣获M公司最佳承运商表彰。M公司对巧克力的运输、储存要求特别苛刻，其运输、储藏适宜温度为15~18摄氏度，适宜湿度为50~60摄氏度，荣庆物流为巧克力的流通制订了仓干配一体化运作方案，大致分为两个步骤。
>
> 第一步：客户下订单后，客服接收订单信息，下预订单并确认；监理接受任务分配、分单中心分单到派车机构；调度中心派车；监理检查装备并找到提货车辆，在得到调度发车确认后，随车前往客户处提货。
>
> 第二步：到达客户处，监理跟客户发货人实施对接沟通，并指导客户填写工作单；监理检查货物及外包装并清点核实货物；双方签字确认工作单，监理把发货人联交予客户；监理录入基本工作单信息、制作标签并贴标签；装车回公司。
>
> 针对具体的运作过程，荣庆物流制定了严格的标准规范。在仓储环节通过规范接受验收、库藏节点、发货节点的环境要求和操作流程，保证巧克力从接货到仓储，从运输到终端客户各个环节，始终处于特定温度环境中，打造低温链条不断链、无缝隙的运作方式。在运输配送环节通过规范货物在途、货物配送、客户签收的环境要求、监控模式和操作流程，确保货物运输质量，更好的服务客户。

3. 以严格的规范标准保证高水平的服务质量

荣庆物流主要服务于医药、化工和高端食品等冷链物流产品，由于客户对冷链要求较高，荣庆物流对于各类货物的运营作业以及服务过程全部制定了严格的标准和操作规程,并通过大量日常培训和过程检查来确保得到严格执行。通过实行标准化的操作流程、完善的运营监控和精益化的管理,保障货物安全、及时、准确送达。

> **案例分享**
>
> ### 荣庆物流制定医药冷链严格的操作规范标准
>
> 2007年,荣庆物流开始运作医药项目,2013年8月成立医药项目部统筹规划管理医药项目。服务客户有上海医药、中国医药、葛兰素史克、费森尤斯等20多家国内外知名企业,终端配送覆盖3000余家医院和药店,医药合作经销商近500家。为提升企业在医药冷链物流服务水平,荣庆物流制定了严格的操作流程和规范标准,具体的运营操作流程如下。
>
> 1. 提货环节
>
> (1)客户提前一天通过邮件形式(附件:提货单)通知公司客服人员下单,公司安排车辆、人员和专线,于次日提货。特殊情况下,可于当天上午通知当天下午提货。
>
> (2)去仓库提货人员必须携带发货清单到各个仓库提货。
>
> (3)提货车辆必须做好出车检查,使用全封闭的厢式车。车辆要干净清洁,车厢没有异味、无积水。
>
> (4)货物必须以托盘形式装车,并且需要用缠绕膜包裹以后再装车,严禁货物直接放置在车厢内,货物整体放置于托盘上,避免任何货物悬在托盘外的情况发生。
>
> (5)整车运输货物必须一横一竖形式装车,托盘标准为80厘米×120厘米,100厘米×120厘米。托盘货物间的间距空间必须使用填充物将两拖盘货物相互紧贴,使货物不会单独晃动,防止货物在运输途中由于剧烈晃动使托盘移动造成货物外箱挤压,对于容易破损和变形的货物,应装在托盘最上面,以"大不压小,重不压轻"为原则来装货。
>
> (6)整车运输,严禁与其他货物混装。

（7）提货人员进入提货现场一定要遵守仓库有关现场作业的规定。在提货人员与客户进行货单签收过程中，提货时要点清数量以及注意货物外包装是否完好。发现货物有任何疑问的，可以要求现场人员当场查看。对有破损之类的商品，提货人员可要求换货（如相同品种缺货情况下，可在签单上注明实际提货数量）。承运商按提货单上实际数量提货，提货时不要拆二次包装货物。如果客户方不同意换货，公司可在提货单上标注外箱已有破损并标注破损数量。

2. 单据交接

（1）提货人员所提商品必须单、货相符，在客户的发货清单上签收。

（2）发货交接单一式三份，一份承运商现场人员签收完后仓库留存，另两份需随货带走，并在送货完成后一份留给客户，另一份签单将在送完货物两个工作日以内装箱返回上海，驻场人员在货单上注明装载具体托盘数、箱数。

（3）回单要在签收之日起两个月内返回客户。

（4）回单是结算货款的凭证，回单应妥善保管，随身携带，不准将回单遗留在车上过夜，如果丢失回单将对此票业务进行罚款。

3. 运输要求

（1）厢式车必须配备足够的紧固件加固货物，加固时必须在外箱棱角处加保护块以免纸箱破损。

（2）在确认所需运输的货物后，对货物进行包装，确保货物在运输途中无破损和遗失。

（3）到达客户指定目标地，按客户要求把货物摆放好。

4. 信息沟通

需要与客户及时沟通的方面有：商品在配送中发生的问题、承运商在配送中的问题、不能按时送达客户；单据、商品等的遗失。

以上异常情况承运商必须在2小时内反馈给客户项目部客服专员，坚决不允许直接联系终端收货客户，并根据客户的要求及时返回相关回单，做好破损退货等相关操作。承运商需每天提供商品跟踪信息，意外情况及时反馈沟通。

5. 送货环节

（1）按送货单地址送货。

（2）不得随意更改送货单位地址，若收货方客户需要更改，必须要客服接到客户方面邮件指令时才能更改地址。

（3）货单和货物应同时与客户交接。

（4）保持送货单签收的干净整洁（签字、时间、盖章）。

（5）如客户签收实收数量，则以实收数量为准。

（6）签收时若商品有破损，需及时联系客户，由客户与收货方客户进行协调沟通。特别是以医院为最终客户的情况，送货人员必须先电话预约送货时间并且送货态度必须服从，帮客户把货物就位好。

6. 送货纠纷

（1）驾驶员在送货时应态度友好、耐心。

（2）在送货期间如发生特殊情况（如客户刁难等），必须及时通知客服部，由客服部协调客户解决。

（3）如果客户拒收货品或发生争议，驾驶员应立即与客服部联系，由客服部与客户进行协调，解决送货争议问题。

（4）任何送货驾驶员不能和客户有任何冲突，一切不公的事情由客服部协调客户解决。

7. 货物跟踪

（1）货物每天1次跟踪，对于需当天送货的货物及时跟踪驾驶员，查看送货情况。

（2）长途车辆不得在同一地点停留10小时以上，及时监控。如有意外情况第一时间通知相关客服。

8. 退货要求

对于破损和有异常的货物需统一退货，退货时需做出退货明细，认真核对退货件数，货物包装是否完好以及货物属性。

9. 结算操作

按月结算，每月月底由承运商制作上月结算运费账单供客户核对。每月破损赔付明细由客户方提供给承运商核对，客服专员需每天与客户进行账单核定。

10. 特殊项目要求

特殊货物就位时，会用到大型工具，会产生额外的费用，必须第一时间以邮件形式告知客户方面。

（二）经济效益分析

长期以来，荣庆物流大力推进冷链物流信息化、数字化和智慧化建设，推广智能化设备和技术的应用，大幅提升了企业冷链物流运作的生产效率，减少操作时间，让物流环节更快速、更智能和更准确，大幅降低了企业物流成本，提高管理效率。同时，荣庆物流积极响应国家绿色物流发展战略，投入应用绿色物流技术装备，采用公铁联运、甩挂运输等先进运输组织方式，有效提升运输能力，降低污染排放，实现节能减排和低碳环保。具体成效如图7-6所示。

图7-6　荣庆物流绿色物流发展总体情况

（三）下一步发展思路

荣庆物流始终秉承"专业、快速、安全"的运营标准，绿色、健康、安全、可持续发展的物流理念，为客户提供综合物流供应链服务，致力于推动我国物流事业发展和提高百姓生活品质。

在当前消费升级的背景下，我国冷链物流需求持续提升，冷链物流行业呈现出快速发展的态势。荣庆物流正在全力以赴参与进来，希望在冷链物流整个行业细分的发展过程中承担更重要的角色。未来，荣庆物流将基于现有专业化、差异化的物流服务能力，以新技术为驱动，通过"仓干配一体化"的业务模式，建立一流的冷链物流服务体系、专业的冷链运输体系，致力于成为我国最优秀的第三方冷链物流服务商和市场领先的专业合同物流供应商。荣庆物流将致力于改善我国冷链物流运输基础条件，提升冷链物流装备技术水平，为推动行业高质量发展做出积极贡献。同时，荣庆物流也将持续推动收入利润同步增长，在合约物流领域获取更多的市场份额，真正成为我国冷链物流合约市场的领跑者。

三、案例评析

荣庆物流是我国冷链物流行业的开拓型企业。长期以来，荣庆物流专注并加速在冷链物流市场的资源布局，快速推进冷链物流信息化、数字化和智慧化建设，通过多年发展，在冷链物流领域积累了深厚基础，形成了自身的核心竞争优势，拥有了大量优质客户资源。

近年来，根据市场发展总体趋势和客户市场需求，荣庆物流正大力发展冷链仓、干、配一体化物流服务，凭借着突出的资源优势和客户至上的服务精神，荣庆物流在经营管理和业务运作中实现了智能化和信息化发展，形成了冷链物流过程管理和品质控制的高水平运作能力，打造出行业领先的冷链运营服务实力，已逐步走向冷链物流行业发展前沿。

案例 8　五环顺通供应链
——仓干配一体化的引领者

一、发展概况

（一）企业简介

北京五环顺通供应链管理有限公司（以下简称五环顺通）成立于2001年，隶属于首农食品集团南郊农场，是一家从事专业供应链管理的国有企业，主要围绕冷链物流开展温控库房存储、普通库房存储、长途冷藏运输和市内冷藏配送等方面开展业务。五环顺通自成立以来，始终坚持服务至上、诚信立业的经营原则，以"一流的设备、一流的管理、一流的服务、一流的员工"为目标，以服务首都、建设一流供应链企业为宗旨，使企业在激烈的市场竞争中始终保持较强的竞争力。

五环顺通在北京有3个仓储中心，总占地17万平方米，自有运营车辆19辆，合作车辆100余辆；总资产21160万元，净资产15136万元，年营业总收入7000万元。五环顺通拥有一大批经验丰富且素质高的物流人才，60%的员工拥有大专以上学历，6人获得了高级物流师的资格。实施"七项管理，两个平台"的管理体系，通过全方位现代化管理手段，保证服务的安全、及时、可靠。经过多年的发展，五环顺通在高档食品、冷冻食品存储以及冷链配送方面积累了丰富经验。在今后的发展中，五环顺通将紧跟世界冷链物流发展的新潮流，致力于建设一流的供应链管理企业，为客户提供一流的服务。

（二）发展历程

1. 公司成立并逐步扩大设施规模（2001—2004年）

2001年五环顺通物流中心正式注册成立。2002年搬迁到位于旧宫镇大有庄的原红星塑料门窗厂，新区占地55亩（1平方米=0.0015亩）。

2003年至2004年，陆续改造厂区，建起停车场，厂区面积扩大到100亩。

2. 明确业务方向并快速发展（2005—2009年）

2006年五环顺通建立冷库并完成招商。2007年，五环顺通明确了以冷冻储存和市内配送为主业，发展专业冷链物流的经营方向。2008年，五环顺通抓住北京奥运会的契机，迅速扩大冷库规模，拓展配送业务。

3. 举步维艰，发展停滞（2010—2014年）

五环顺通从2010年至2014年，由于面临仓储拆迁问题，发展受到了制约，停滞不前，严重影响了整体经营发展。

4. 步入正轨，明确四大主营业务（2015年至今）

2015年五环顺通在解决制约发展的问题之后，业务步入正轨，由单一的运输、仓储服务发展到温控库房存储、普通库房存储，长途冷藏运输和市内冷藏配送四大主营业务。2018年1月1日，北京市五环顺通物流中心更名为北京五环顺通供应链管理有限公司，并开展销售业务。

二、发展策略

（一）仓干配一体化发展策略

仓干配一体化的服务旨在为客户提供一站式仓储配送服务。现代物流的仓干配一体化实质上是指在互联网下的仓储与配送的无缝结合。原来传统简单的进、销、存管理已经满足不了现代物流服务的需求，单点、单仓也无法满足现代物流的下一步发展。因此，传统的仓储和传统的第三方物流公司都在向仓干配一体化的物流运作模式快速转型。仓干配一体化是仓和配的结合，在仓库存储功能的基础上，叠加车辆干线运输和配送服务，通过建设高效、安全、透明、经济、便捷的仓储配送体系，来提高物流运作效率，满足新型流通业态的发展需要。五环顺通自2006年开始冷链仓配一体化服务，率先在国内冷链物流领域打造出"优智"系列品牌服务——"优智存""优智送""优智运""优智配"（图8-1），为客户提供更加高效、专业的食品冷链安心服务。

1. 优智存

五环顺通拥有3个仓储中心，分别位于北京的四环、五环、六环周边，仓储面积17万平方米，其中自有库房面积8万余平方米，单体库面积170~1500平方米不等，仓库拥有不同温区：低温库（-18摄氏度），高温库（0~4摄氏度），恒温库（10~20摄氏度），常温库，产品种类达到1200多个，单品达到5000多个，可提供常温至-35摄氏度任意温度段的高端西餐原料、进口乳制品、酒类及进口花卉种球、种苗等存储服务，仓库实景如图8-2所示。库房采用仓库管理系统，制冷系统采用居于国际领先水平的制冷技术和设备，冷库运行高效智能，安全可靠。每个库房均安装"撞无忌"门封，单体库房温度都具有可控性、库外可视性。各项操作达到危害分析与关键控制点（Hazard Analysis Critical Control Point，简称HACCP）、生产质量管理规范（Good Manufacturing Practices，简称GMP）标准。2015年通过了国际标准化组织ISO 22000食品安全管理体系认证。五环顺通为食品生产、餐饮企业、进出口贸易公司等不同行业提供仓储服务，现有客户70余家，均为国际、国内知名企业。优质的服务、合理的存储方案、智能化的设备设施赢得了客户的认可。

图8-1 仓干配一体化——"优智"系列品牌服务　　　　图8-2 优智存服务

2.优智送

五环顺通为餐饮和食材客户配有长4.2~12.5米的不同车型，根据客户订单计划可合理调配运营车辆，逐单运送到客户指定地点。运输车内装有进口冷机，可实现多温区温控运输。运输车辆均外观清洁，厢内消毒、干燥、无异味。全程制冷、上锁。客户可对货品温度、车辆位置全程进行监控，消除运输盲点，实现了运输管理、运作和监督全程覆盖。优智送服务如图8-3所示。

3. 优智运

五环顺通于2014年开始外阜零担、干线运输服务，现已开通的运输专线有：北京—长春、沈阳，北京—济南、青岛、烟台、威海，北京—太原，北京—西安，北京—成都、重庆，北京—苏州、上海，北京—广州、深圳等，可配送城市80多个。拥有长5.2~12.5米、3~35吨、17~65立方米各种规格冷藏车50余辆，承接各种食品货物的中远途运输，单车可实现冷冻、冷藏、常温多温度运输。车辆冷机组均为国际知名品牌，物流管理信息系统可对车辆位置、温度、运行状况实现24小时实时监控，让客户的产品安全和利益得到最大保障。

4. 优智配（商超共同配送）

五环顺通为北京市专业运输单位，市内商超配送车型为4.2米、5.2米的小型货运车辆，均拥有北京市货车通行证，在市内行驶不受重大活动限行影响。配送的商超系统主要有：家乐福、沃尔玛、山姆、欧尚、物美/美廉美、麦德龙、永辉、京客隆、天客隆、利客隆、华联、超市发、乐购、顺天府、华堂、易初莲花、大润发、北辰超市、华冠商贸、华润万家、天虹百货等。商超共同配送项目是利用运输管理系统，对配送的商超进行线路优化，并根据商超系统交货时间要求合理排出送货先后顺序，自动生成货量吨位、容积等基础数据，合理安排不同车型进行装车。客户可通过系统进行预约订单，在途跟踪实时掌握路径、货品温度、配送进度、签收状态、核对账目等等。通过优智配来集约不同客户的货量，采取协同配送的方式，缩短配送里程，提高车辆装载率，降低客户运营成本。优智配服务如图8-4所示。

图8-3 优智送服务

图8-4 优智配服务

案例分享

企业发展的根本——"七项管理、两个平台"

1. 现场管理——6S 管理（即整理、整顿、清扫、清洁、素养、安全）

用"整理、整顿、清扫"来强化管理，用清洁来巩固效果，再用这个4S规范员工行为，从而改变员工工作态度，最终达到塑造优秀企业团队的目的。

2. 财务管理——财务精细化的管理方法

"精"是经营管理的关键环节，"细"是关键环节的主要控制点，财务精细化的管理方法帮助企业实现了事前的精细测算、事中的精细管理以及事后的精细考核。

3. 客服管理——客户服务管理体系

不断提升服务质量，为客户提供最优质的服务。通过客户服务管理，有效监督公司的各项服务工作，做到及时发现问题，解决问题，替客户着想，让客户满意，全面提升服务管理水平。

4. 员工激励——全员绩效考核体系

绩效考核是全员参与、全员考核的过程，也就是对全体员工在工作过程中表现出来的工作业绩、工作能力、工作态度以及个人品德等进行评价，通过该系统方法来测量和评定员工职务行为和工作效果，是管理者与员工之间进行管理沟通的一项重要活动。

5. 员工发展——员工职业发展规划培训

公司在发展过程中需要个人价值观与公司价值观认同的人才，让员工伴随着企业的发展而成长。五环顺通会给每一位员工提供一个适合自己发展的平台，让每一位员工在这个平台上绘出属于自己的颜色和风采，最终达到公司与员工双赢的目标。

6. 安全管理——五项安全目标责任管理方法

将安全纳入到企业管理之中，营造了安全运营的环境，更为物流的安全平稳运行夯实了基础。

7. 节能降耗——节约能源、降低能耗

随着冷链业务不断发展，节能降耗已成为一项重要的管理工作。五环顺通建立了节能降耗网络、节能检测体系。引进先进冷冻、冷藏管理技术，积极开展知识技能培训。由专业制冷人员对各种机器设备定时巡视，定期维护保养，注重细节，合理分析，从而真正做到节能降耗。

8. 信息化管理——两个平台

（1）e 物流管理平台：公司使用中国移动 e 物流管理平台，以车辆定位为基础，集全球卫星定位系统、地理信息系统、无线通信系统、短信服务、温度实时监控技术于一体，在运输管理上实现了实时定位、货况信息、短信通告、运输路径的选择、运输网络的设计与优化等管理功能。实时监督运输过程中的各个环节，保障服务及工作质量。

（2）物流管理系统：整合了公司的物流资源，为库房管理和车辆管理搭建了一个信息平台。该系统的使用优化了工作流程、提高了工作效率，同时也使公司与客户之间的沟通更加方便、快捷。

（二）经济效益分析

五环顺通通过仓储、配送资源的整合，降低了仓储及运输成本，提升了客户购买体验。五环顺通为仓干配一体化服务制订全面信息化解决方案，利用互联网和物联网技术，对仓储与配送实现协同管控，有效提高物流的规范化、透明化、安全化运营效率，降低了企业经营成本。同时采取协同配送的方式，提高了车辆装载率，减少了进入市内配送的车辆数，为北京市缓解拥堵做出了一定贡献。其仓配一体化平台优势具体如表8-1所示。

仓配一体化平台的优势　　　　　　　　表8-1

传统物流软件	仓配一体化平台
促进企业标准化和规范化	以标准化为基准实现统一化，即统一内部子系统之间的运作协同和过程管理，比如仓配的出库发运环节可以根据订单的统一执行计划进行有效任务切换

续上表

传统物流软件	仓配一体化平台
节省企业资源，方便企业管理	在节省资源的同时实现资源集约化，即整合企业的仓储和配送资源，对这些资源进行集约化配置和协作，比如仓储出库的优先级需要与配送的派车计划协作
优化企业运营模式，降低经营成本	运营模式实现从集成到一体化的转型，时间子系统之间无缝共享和交换数据，对外提供统一的EDI与外部系统的互联，比如与电商平台的对接，通过EDI中心统一对接电商订单即可，后续执行内部一站式处理，并统一由订单中心对外反馈

（三）下一步发展思路

五环顺通在今后的发展中，仍然以仓干配一体化为主要业务经营模式。但在发展的过程中，要实现真正高效的一体化物流，还需要从多方面继续努力。在硬件方面，必须配备现代化的物流装备，如自动分拣系统、商品条码系统等；在人才方面，需要进一步提高人员素质，引进高水平管理人才；在标准化建设方面，要加强物流装备标准化，如托盘的标准化、周转筐的标准化、包装物的标准化等，以统一标准体系、统一物流服务、统一采购管理、统一信息集采、统一系统平台，带动整个供应链标准体系建设。

三、案例评析

五环顺通由传统的工贸企业转型为专业的物流企业，实现企业扭亏为盈，在不断摸索中明确了企业发展定位，即冷链物流仓干配一体化服务商。由于仓储、配送资源的整合，降低了仓储及运输成本，能够为不同需求的客户提供定制化的解决方案和落地实施服务，提升了客服的购买体验。五环顺通采用仓干配一体化信息平台，对仓储与配送实现协同管控，有效提高了物流的规范化、透明化、安全化运营效率，降低了企业的经营成本。同时，公司的快速发展离不开对管理的重视，公司采用"七项管理、两个平台"，实现了业务操作、财务、客户、员工、安全、节能、信息化等全方位的管理，为业务的快速发展奠定了坚实的基础。

第三章

城市统仓共配服务企业

案例 9　唯捷城配
——仓配一体、统仓共配的先行者

一、发展概况

（一）企业简介

唯捷城市配送有限公司（以下简称唯捷城配），2014年成立于厦门，2015年7月在上海成立管理和运营总部。唯捷城配以仓配一体化为主要服务产品，聚焦餐饮和商超两条主线，服务品牌商、渠道商和连锁终端三类客户群，打造多城市、多温层、多级仓配运营网络，以过程透明化、运营数据化、优化库存管理、高效履约交付为核心能力，为客户改善供应链效率和质量积极赋能。

唯捷城配拥有丰富的仓储和车辆资源，其中：多温仓储面积30余万平方米，自有与管理车辆数1.3万辆，服务网络覆盖全国61座城市。合作品牌客户超过400家，包括西贝、美菜、有菜、零售通、京东、钱大妈、佳思多、喜茶、盒马、康品汇、星豆、都可、每日优鲜、味千等。由唯捷城配自主研发的"天穹"智能城配系统，是物流行业首个仓配一体的智能信息系统，高效助力客户物流信息化水平提升，已荣获国家版权局多项认证。

唯捷城配先后完成三轮、总额数亿元的融资，是上海市首家国际标准化组织ISO 9001（2015版）质量管理体系认证企业、上海市与厦门市城乡高效配送试点企业、国内首批"餐饮冷链物流服务规范"达标企业、《水产品冷链物流服务规范》国标试点企业，并荣获多项表彰，在客户和行业都享有不凡的口碑和评价，已发展成为同城物流领域的先锋代表性企业。

(二)发展历程

1. 做好客户分层（2014—2015年）

唯捷城配自成立以来首要解决的是在新零售的发展态势下终端、渠道商如何选择的问题。公司从客户物流外包的需求频率、为客户优化整合的空间大小、客户的业务与物流企业现有业务协同度三个指标对客户价值进行了分析，如果能满足这三个指标，对同城配送企业来说，这个客户的价值就高。唯捷城配按照这三个指标，将目标客户锁定为连锁餐饮、连锁零售和B2B平台，并以这些目标客户为主体，在厦门开始了冷链城配的业务探索与尝试。

2. 构建全网平台（2015—2017年）

2015年7月唯捷城配在上海建立全国总部，通过加盟体系在不同城市构建服务网络，开启全网城配建设。结合客户全国多城市布局的发展需求，在全国12个城市首批试点。考虑到城配业务在区域内的协同效应较强，唯捷城配在华东、华南、西南等各区域逐一深耕，全国结网，2018年城配业务在国内已经扩展到36个城市，服务数百个合约客户。

3. 提升标准化、发展智能服务（2017年至今）

随着服务的客户数量的增加，如何提升运营能力、满足客户需求、保障良好的服务品质是第二个阶段着重考虑的问题。在对已有客户的服务研究中，唯捷城配从运营中的关键点切入，一方面把复杂的非标准化服务场景按照作业环节进行分解，把操作流程细分到作业流程的各个环节上以便制定标准化模块；另一方面，对于已有的能够实现标准化作业的模块和流程，予以合并以提升整体运营操作的标准化程度。

在打造标准城配产品的同时，唯捷城配进一步提高信息化、智能化水平，自主研发了"天穹"仓配一体化智能城配系统，包括天眼监控中心、天枢调度系统、天驿仓储系统、天梭配送系统、天宝驾驶员应用程序（Application，简称APP）、天驿宝掌上电脑（Personal Digital Assistant，简称PDA），实现智能化的管理、全方位的监控和精准化的业务协同。

二、发展策略

（一）"轻资产+重运营+重服务"的核心策略

1. 优化整合资源实现轻资产

唯捷城配的核心发展策略和模式可以用"轻资产、重运营、重服务"来总结。轻资产是因为城配市场通过资源整合优化比购置资产带来的回报更大。总体来看，城配市场的运力资源供大于求，即便投入大量的资金来购置资产，这些资产所带来的回报也比较低，这是一种社会层面的资源浪费。因此在资产端，唯捷城配除少量的自营车队以外，以整合社会优质运力为主。在末端管理上，对于吸纳的社会驾驶员，公司与驾驶员统一签订合约。除了定期提供培训、服务技巧与方法、稳定业务之外，唯捷城配还通过相关金融服务、信息系统管理、驾驶员升迁等机制对驾驶员进行有效的管理和赋能。

2. 以标准化服务提供一体化解决方案

与资产端不同，唯捷城配更加重视服务端，即重视客户的调研与分析。唯捷城配对所服务客户进行垂直细分，围绕不同业态客户的需求和痛点难点，制订个性化的服务方案，参与客户的物流业务流程改造甚至重构，在此基础上为客户提供一体化解决方案。其服务流程如图9-1所示，包含项目调研、制订方案、试运营、正式运营、优化提升五个部分，通过流程的优化设计、资源的配置管理、信息化与智能化的调度为客户提供精细化服务。

（1）项目调研。唯捷城配团队对客户需求、痛点进行详细调研，结合客户的运营模式进行深入分析，并对客户的货物交接方式、配送门店分布及运营概况等进行全面了解。

（2）制订方案。根据调研结果，唯捷城配与客户一道针对客户现有运作流程一起进行优化，以制作标准化的运营程序（Standard Operation Procedure，简称SOP）作为指导，给客户打造出可选择的优化方案和应急处理方案。

（3）试运营阶段。在此阶段，根据优化后的SOP和运作方案，唯捷城配进行跟车试运营，并提交试运营可行性分析报告，为了增强数据真实性，唯捷城配的信息系统会在试运营全流程进行可视化监控（图9-1）。

图9-1　唯捷城配标准化服务流程示意图

（4）正式运营阶段。经试运营阶段反馈调整后，项目正式开始实施，唯捷城配的信息系统会与客户的订单系统进行对接，并向客户输出月度运营分析报告，帮助客户了解运营概况、优化运作流程。

（5）优化提升。实施一段时间后，唯捷城配对客户进行满意度回访，以期循环改善服务水平。

3. 以强大的信息系统实现运营可视化、智能化

信息系统是运营流程的落地和固化，同时也是运营流程走向标准化的引擎，在实际运作中，城配企业可能遇到的问题主要可归结为以下几点：

（1）业务模式复杂，如配送点多、配送区域广。

（2）手工调度，排线能力差。

（3）业务需求小批量、多批次的城市配送需求日益旺盛。

（4）车辆满载率低、配送时效差、车辆成本高。

（5）仓库作业效率低下，人工成本太高。

针对以上问题点，唯捷城配在运营中通过借助智能化的信息系统来实现精益运营，利用数据和模型，能够在仓库和车辆的规划、运营方面做到相对精确的分析。相比其他资源型公司和车货匹配型平台，唯捷城

配借助路径设计和优化能力,通过中央调度平台,最大限度地提高运营效率,创造价值。

唯捷城配自主研发了以"天穹"为核心,天眼监控中心、天枢调度系统、天宝驾驶员应用程序为辅助的系统群,将复杂的运营流程分为各个运营节点,在每个节点确保服务的落地。

1)"天穹"仓配一体化智能城配系统

随着业务量的不断增长,为了能更好地支撑城配业务的发展,降低仓储、配送运营成本,提高运营效率,唯捷城配自主研发了"天穹"仓配一体化智能城配系统。该系统包含三大系统五个模块,即仓储管理系统(Warehouse Management System,简称WMS)、运输管理系统(Transport Management System,简称TMS)(包括干线运输和城配运输)、智能调度系统、驾驶员APP、监控中心模块,采用软件即服务(Software-as-a-Service,简称SaaS)模式云端部署,支持高配的B端定制,系统框架如图9-2所示。依托"天穹"系统群,从商品入仓开始,收货、上架、贴标、拣货、复核、盘点全程无纸化作业;车辆根据中央调度指令,到仓签到、提货装车、路径规划、温度监控、全球定位系统监控和货物签收,实现全过程透明可视、可预警、可监测、可追溯,极大提升了运营管理的效率。

图9-2 "天穹"仓配一体化智能城配系统

2)天驿仓储系统

通过智能化仓储系统,可有效提升整个仓储运营效率。唯捷城配的天驿仓储系统可提供智能补货、高效收货上架、可视化、多仓管理、多维波次拣货、语音拣选、全程条码支持等功能。为确保信息系统的顺畅和操作的方便，唯捷在仓库中也不断加大物流设备改进与提升，通过全面使用标准托盘及标准周转箱和标准周转筐，提升仓配一体化技术水平。

通过以作业流程和效率作为核心指向，减少人员的思考和判断。天驿系统能够直接从一个环节流转到下一个环节，另外对库存设计和监测也可以实时提供在库报表和预警来降低商品在库时间，还可以通过对配送订单提前合并，做到车辆配载和路径的最优。

> **案例分享**
>
> ### 天驿系统——提升仓库运营效率
>
> 在仓储入库环节，唯捷仓储管理系统中入库预约、按托上架、PDA扫描上架、监察商品保质期以及拣货位、动态补货等作业环节全部运用智能化元素，全程系统可视数据支撑，使整个仓库运营效率提升70%以上。

3）天梭配送系统和天枢智能调度系统

唯捷城配的天梭配送系统主要是对订单进行管理，能够根据客户订单进行自动派车和自动计费，还可以满足与运输相关的如车辆、驾驶员、门店、区域等各种复杂的管理，提供像订单、回单等各种业务单据的综合查询服务，同时为其他系统提供强大的应用程序编程接口（Application Programming Interface，简称API）对接服务。

唯捷城配的智能调度系统被称为"天枢"，其主要通过运营系统的逻辑画像分析技术和大数据分析技术，可支持智能配载模式、自动匹配模式、专家排线模式三种调度模式，以线路最优、时效最高、服务最好、装载率最大为四大基本原则排线排单。

天梭配送系统是以智能调度、过程透明化监控为核心功能进行设计的，具有智能的调度引擎、完善的基础数据库、实时优化的规则建立、相关的算法技术（比如遗传算法、免疫算法、蚁群算法和模拟退火算法等）设计。根据唯捷城配平台上沉淀的订单数据，调度系统会对订单数据进行拆解，分别形成订单画像、收发货信息沉淀、驾驶员画像和车辆画像等，如图9-3所示。画像技术类似于为订单、地址、驾驶员和车辆等贴上标签，以方便系统更智能、更精准地进行车辆调度和排线等，大概有70%的订单可以通过智能调度、自动计费系统完成，其他还需要辅助人工干预。

图 9-3　配送数据拆解画像

4）天宝驾驶员APP

天宝驾驶员APP为唯捷城配驾驶员使用的终端应用，是对驾驶员行为的线上管理工具，集到仓签收、一键提货、地图导航、提货确认、电子围栏预警等模块功能为一体，帮助运输车辆提升运输工具的效能、货运交付的便捷度和信息分享的顺畅度，降低整个物流行业的能源与资源浪费，降低车辆的无效需求和无效占有。

5）天眼监控中心

天眼监控中心可对整个运营流程节点实现全程透明可视化、可追溯监控，有效将运营流程切实落地执行。通过监控中心，对车辆进行全程监控，可实时显示车辆所在位置，对车辆进行轨迹回访，并可查看停车地点、停车时间及运行速度等信息。在订单执行过程中，如果发生异常，系统就会报警，有效帮助驾驶员降低成本，保障收入和提高人车安全。

6）天驿宝PDA

天穹系统群中的天驿宝PDA是唯捷城配自主研发的仓库操作手持终端，其主要功能与天穹系统各个子模块相对接，对提高仓库操作效率、采集数据等起到支持作用。其功能介绍见表9-1。

天驿宝PDA功能介绍　　　　　　　　　　　表9-1

仓库作业环节	具体操作流程
拣货	从任务大厅领取任务，根据任务显示的库位进行扫描，弹出商品并语音播报商品和拣货数量
盘点	支持永续盘点和波次盘点，从任务大厅领取盘点任务，支持盲盘和明盘
复核	拣货任务完成后生成复核任务，支持扫描商品条码复核，复核完成后打印标签
移库	支持同仓移库和跨仓库移库，移库后更改商品库存
装车	扫码直接领取装车任务，支持批量确认商品，提交装车
补货	支持安全量补货和需求量补货，根据规则生成补货任务后扫描出入库库位，修改补货数量完成补货
验收	支持多种验收模式，托板验收，存储验收
上架	托板上架扫描托板、库位进行上架业务

（二）仓配一体化的业务模式

唯捷城配是国内专业的仓配一体化物流服务与运营商，主营冷链与常温仓储、配送业务，主要服务于三类有常温或冷链物流需求的客户。

（1）连锁餐饮：包括中餐、西餐、咖啡等食材的配送。

（2）连锁快消品零售：包括专卖店、便利店、商超、鞋服、饮料、酒水等的配送。

（3）电商平台企业：包括企业到企业（Business-to-Business，简称B2B）的配送。

唯捷城配在消费品物流方面做了比较深入的研究，针对多品类、多存货单元（Stock Keeping Unit，简称SKU）、多温区、多场景的复杂物流需求，在资源整合和管理、方案设计和优化、智能信息系统等方面给出仓配一体化的解决方案，即通过共同配送和线路优化来帮助客户降低运输成本，提高运营效率。

在传统的配送模式下，如果同一个区域的两家品牌商有配送需求，则分别利用自有车辆或召集社会车辆来提供运输服务，以每家企业分别叫2辆配送车为例，4辆配送车辆的运行路线各自会有交叉和重合，而且装载率不一定是较高的水平。如果采用共同配送模式，则根据客户的配送站点分布和时效要求来合理调度车辆，所需车辆数更少、车辆装载率更高、车辆行驶总里程数更小，可通过减少派车量和行驶距离来提高运作效率，具体如图9-4所示。

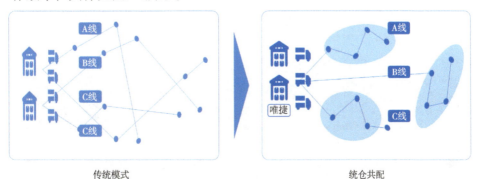

图 9-4 传统配送模式和统仓共配模式

经过运营实践，城市配送服务中的仓配一体化模式能在同等订单密度下实现更高的配送效率，如图9-5所示。仓配一体订单占比从0提升到100%时，整体运输成本可下降约40%，同时运营效率随着仓配一体订单占比的增加而提升。

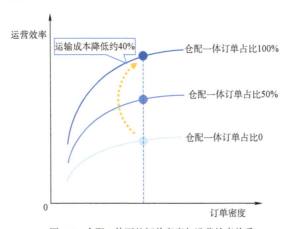

图 9-5 仓配一体下的订单密度与运营效率关系

（三）经济效益分析

唯捷城配用了同行1/3的资源，创造了相同的产能。在仓储运营效率方面，由于货位倍数增加，拣货效率可提升150%，人力成本节约50%，每天可以节约80个小时的人工工作量，库存周转天数从29.4天下降到9.7天，拣货效率从每人每小时65件提高到每人每小时92件；在过程管理与配送优化方面，驾驶员签到率、提货及时率、客户签收率更是达到98%以上，车辆周转率稳定在1.7~1.9之间，运营效率方面领先于其他同城配送物流企业，具体如图9-6所示。

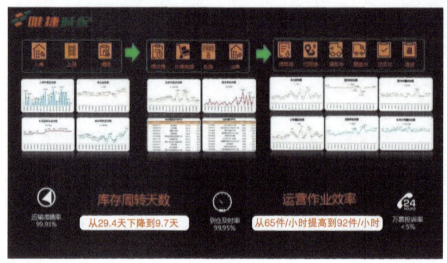

图9-6 仓配一体下的效益分析

（四）下一步发展思路

唯捷城配已经具备了仓储、运输、订单、结算、调度、监控和配送等全流程的信息化支撑，在精准垂直的服务领域，服务标准的升级和数据化的产品解决方案将更加贴近用户，在推动客户服务的水平升级过程中降本提效。

未来，唯捷城配将更聚焦城配的服务场景，在零售供应链、餐饮供应链、新能源车、同城及区域配送等方面与相关企业和协会展开战略合作。通过"技术+服务"双核驱动，加快网络拓展，加速业务导入，从客户的全方位需求出发，提供更高效率的产品、更低成本的运营和更好的服务体验。根据企业规划，唯捷城配将在三年内完成55个直营城市、150个加盟城市的布局。

三、案例评析

同城配送和快递快运一样，都是物流行业的细分领域。但相比之下，城配的社会化、标准化、集约化进程还远远落后于快递和零担快运企业，也一直被大家认为是典型的"低附加值、低利润"的体力活。过去城配市场没有出现一个品牌主要有两个方面的原因：一方面，从商流的角度来看，终端、渠道商以自营为主，订单零散，没有服务外包的需求；另一方面，同城配送的过程管理是极其复杂的，没有技术做支撑是无法实现的。如今，伴随着新零售的变革带来的机遇，B2B同城配送正在成为物流新的战场。

"轻资产+重运营+重服务"的发展策略，为客户开展定制化服务，利用"天穹"智能城配系统群对仓储、配送的全流程进行数据化、可视化管理，使得唯捷城配在同城配送这一物流新战场占据一席之地。仓配一体化是打通消费供应链全流程数据的关键所在，这也是唯捷城配未来最重要的核心价值。通过仓配一体化和智能城配系统，对仓储、配送全流程的数据进行分析和优化，为企业提供高效运营的决策支持。未来唯捷城配将不仅实现运营过程的数据化，而且要实现全渠道、全链路的库存共享，横向、纵向打通消费供应链数据，帮助客户实现"一盘货"的运营管理。

案例 10　领鲜物流
——标准化、透明化的冷链城配企业

一、发展概况

(一) 企业简介

上海领鲜物流有限公司（以下简称领鲜物流）成立于2003年，注册资本1000万元，是一家具有雄厚实力的新型第三方物流企业，隶属于光明乳业股份有限公司。领鲜物流已有20多年面向现代零售的冷藏、常温乳品物流运作经验和客户服务经验，以"区域物流领袖、食品物流专家"为经营目标，秉承"新鲜、品质、迅捷、准确、亲切"服务理念，致力于为社会和广大客户提供多温度带的现代化食品物流服务。

领鲜物流拥有5大区域物流管理中心，覆盖华东、华北、华中、华南、西南等地区，以65座综合配送中心为基点，覆盖杭州、宁波、南京、苏州、无锡、合肥、嘉兴、湖州、常州、芜湖、广州、天津、武汉、成都、西安、德州等地，形成一张辐射全国的高密度、高效率的跨区域城市配送网络，可在24小时内完成一、二级城市配送，36~48小时内完成三、四线城市配送，覆盖终端网点多达50000个。

在基础设施方面，领鲜物流的全国仓库总面积达17.2万平方米。华东地区仓库总面积11.96万平方米，其中常温库8.44万平方米，冷藏库2.55万平方米，冷冻库0.97万平方米。华东以外地区常温库达3.76万平方米，冷藏库1.45万平方米。

领鲜物流车辆资源规模从上海城区到华东区域再到全国，不断发展壮大，保证从工厂到终端消费者每天全网运送顺畅进行。领鲜物流在华东区域拥有车辆多达1008辆，其中自有冷藏车辆296辆，协作冷藏车辆520辆，常温车辆192辆。华东以外地区拥有冷藏车辆322辆，常温车辆

712辆，年货运量超过百万吨。

在信息管理系统方面，领鲜物流拥有一套流通追溯管理系统，整合了已有的订单管理系统（Order Management System，简称OMS）、仓储管理系统（Warehouse Management System，简称WMS）、运输管理系统（Transport Management System，简称TMS）、车辆温控系统等，从产品生产直至运送至终端消费者手中，形成了一套标准化、智能化、可视化的全流程管理。

领鲜物流依托良好的物流基础设施、优秀的运营管理人员、高效的运作效率和丰富的食品物流经验，与众多行业客户建立了长期合作关系，并得到客户认同。客户群包括泰森、雨润、荷美尔、宝迪、圣华、德清源、避风塘、欧福、安德利、乐斯福、联华快客、光明便利等多类客户，目前客户群仍在快速增长。

领鲜物流在多年的发展过程中，得到行业的认可及肯定，是中国物流与采购联合会冷链委副会长单位、中国食品工业协会冷冻冷藏食品专业委员会和食品物流专业委员会的会员单位、上海冷链协会副理事长单位、上海物流协会冷链分会会长单位，并获得了一系列荣誉和称号，企业荣誉资质如图10-1所示。

图 10-1　企业荣誉资质

（二）发展历程

1. 企业向第三方物流转型（2003—2013年）

领鲜物流前身隶属于光明乳业股份有限公司（以下简称光明乳业）的物流事业部，2003年正式独立，开启第三方物流业务。领鲜物流依托光明乳业的物流网络，在华东创建了一个低温乳制品的仓配一体化网络。领鲜物流成立后，充分开拓第三方物流业务，以华东地区为基础开展低温冷藏食品的同城共配业务。

2. 企业快速扩张，辐射全国（2013—2017年）

2013年起，领鲜物流先后与"泰森食品""避风塘食品""安得利食品""百胜中国""全家超市"等知名食品、餐饮连锁企业合作，"精耕"区域冷链物流的同时，快速布局全国的冷链物流基础设施，形成了华东、华北、华中、华南、西南五大区域配送中心，每日干线配送线路多达100余条，构建了高效送达的全国物流网络。

3. 企业管理趋向标准化、智能化、专业化（2017年至今）

领鲜物流作为一家以冷链配送业务为主的物流企业，在仓储、电子拣货、车辆、同城共配等环节，建立起一整套物流标准作业流程，同时还配套产品保质期和订单全生命周期管理，完善产品的追溯系统，从产品生产到交付到消费者手中，通过智能化信息系统实现全程追溯。同时，领鲜物流对标国际标准，包括英国零售商协会（British Retail Consortium，简称BRC）制定的食品安全全球标准，由德国零售商联盟和法国零售商、批发商联盟共同制定的国际卓越标准系列（International Featured Standards，简称IFS）等，完善企业仓库、配送及企业人文建设的标准化要求，在为大众提供安全和高质量的食品冷链的同时，始终把对消费者食品安全与质量放在首位，追求始终如一的"新鲜"品质。

二、发展策略

（一）多种模式协调运作管理的业务模式

领鲜物流不局限于一种业务模式，根据客户业务为特点，将集中式中央大仓管理、分布式多中心管理及混合管理三种冷链业务模式协调运作，提高冷链物流的运输效率。领鲜物流在华东地区开展同城共仓共配业务，服务8000个门店，配送业务主要分为早、中、晚三班，多数为自有车辆配送，根据标准化业务流程，统一调度、统一配送。

集中式中央大仓管理是指在上海设立中央仓库用作库存管理，华东地区其余城市的配送中心采用零库存方式，依托现有的冷藏输配送网络，根据订单要求实现48小时内整个华东现代商超的配送。其业务模式流程如图10-2所示。

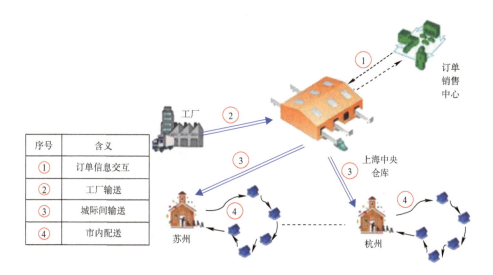

图10-2　集中式中央大仓管理业务模式

分布式多中心管理是指华东设立多个配送中心，所有货物由生产工厂统一配送到各配送中心，每个配送中心负责一定的区域，根据该区域的需求量，仓库保有相应的库存的。其业务模式流程如图10-3所示。

混合管理业务模式是集中式中央大仓管理与分布式多中心管理结合使用，利用领鲜物流现有的输配送网络和中央大仓低成本的优势，依托仓储管理系统整合功能，在上海中央大仓保留主要库存，分中心严格控制库存量，提高运转效率，进而降低成本。

三种业务模式比较分析见表10-1。

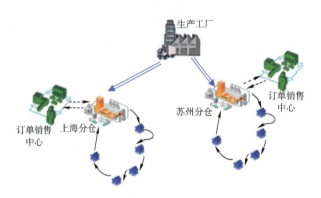

图 10-3　分布式多中心管理业务模式

三种业务模式比较分析　　　　　　　　　　　　　表 10-1

类型	优势特点	适用条件
集中式中央大仓管理	单中心管理，便于控制库存，操作简便，节省成本，充分挖掘领鲜现有网络优势	（1）客户业务量不大，而且以上海为主、华东其他城市为辅； （2）客户销售订单中心在上海，总部与物流直接对接； （3）销售渠道以现代商超为主； （4）双方可以实现信息对接和共享
分布式多中心管理	减少输送环节，提高客户响应速度，更贴近一线市场，管理难度增加，可以充分利用领鲜物流华东配送中心资源及市内配送网络优势	（1）客户业务量较大，足以支撑分中心业务运作； （2）客户的订单管理采用分布式，以独立销售分公司模式运作； （3）双方信息共享，多中心统一的信息平台，实现仓库调拨
混合管理	能够充分利用两种模式的优势	（1）有库存的业务，比如常温、冷冻等业务类型； （2）客户的工厂较多，或者工厂不在华东，但是发货量适中； （3）客户的销售模式为华东设有销售总部，同时下面设立有销售分公司，独立核算； （4）客户与领鲜物流必须能够实现信息对接，提高供应链的管理水平

（二）标准化、精细化、透明化的运营策略

1. 不断优化完善信息化平台建设

领鲜物流深刻理解信息化的重要性，重视信息系统的建设，采用了行业领先的OMS、WMS、TMS和基于手机的全程追索查询系统，同时还拥有电子拣货系统（Digital Picking System，简称DPS）、车辆实时监

控系统。2017年9月，基于现有的信息系统，领鲜物流开展了流通追溯管理系统建设，并于2018年5月正式投入使用。流通追溯管理系统按照支撑层、作业层、管理层及战略层4个层级的需求，配合硬件设施，包括无线网络布点、智能分拣线、电子标签等配套使用，整合现有的订单管理、仓储管理、运输管理及物流跟踪系统，将产品的生命周期与订单全生命期整合，为光明乳业流通追溯运作与管理提供高效的信息系统支持，保障食品的安全品质。系统界面如图10-4所示。

图10-4　流通追溯管理系统

通过多年的积累，结合新的技术手段，领鲜物流能应对客户的需求，给予多维度的物流信息解决方案。一体化信息解决流程如图10-5所示。

2. 对标国际，建立先进的标准化质量管理体系

领鲜物流在不断扩大配送网络的同时也注重企业管理体系的建设。2014年领鲜物流通过了国际标准化组织ISO 9001的质量管理体系认证，2017年初领鲜物流结合自身服务产品特点，同BRC组织合作，以国际最高标准、最好水平为目标，开始对旗下分拨中心进行新一轮的BRC标准化认证工作。2017年，常州、苏州、南通、宁波、马桥、桃浦6个物流中心通过BRC标准化认证,是国内乳品行业内极少数通过BRC食品安全全球标准认证的冷链物流企业。截止到2018年12月10日,通过BRC标准化认证的仓储与配送中心达到13个。具体认证情况如图10-6所示。

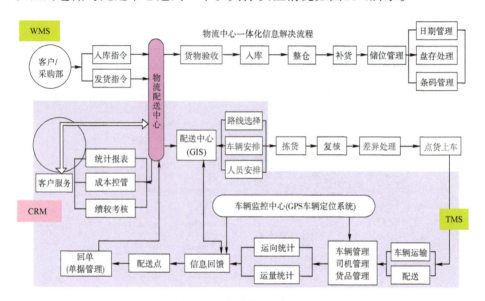

图 10-5　一体化信息解决流程

图 10-6　领鲜物流质量管理体系认证及 BRC 标准化认证证书

2018年11月,领鲜物流启动IFS物流标准体系认证(IFS-Logistics)工作,旗下宁波、淮安2个物流中心已获得IFS-Logistics认证,从食品安全管理、人员设备要求、业务流程规范及供应链可追溯等多方面进行标准化管理。同时，领鲜物流也作为《食品冷链物流追溯管理要求》（GB/T 28843—2012）和《餐饮冷链物流服务规范》（WB/T 1054—2015）的试点企业，通过自身运营管理水平的不断提高，形成一套标准化、精细化、透明化的管理体系，保证冷链运输货物的质量，确保温度全程不断链。系统总体情况如图10-7所示。

视频实时管理

车辆运营实况

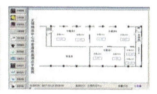
库温实时监控

作业流程

车辆管理

库房管理

图10-7　企业标准化、透明化的质量管理系统

领鲜物流严格按照BRC标准的要求，加强车辆管理、人员管理、物流中心管理和安全管理，主要体现在以下几个方面：

（1）车辆管理。加强对车辆的管理要求。每天清洗车辆，定期制定对车辆保养及维修、检查保养制冷机组等设备的计划。对所有配送人员手机安装全球定位系统（Global Positioning System，简称GPS）软件，落实一线司配人员操作规范，有效提升车辆配送过程的冷链控制效果。同时，通过合理优化配送范围，降低无效行驶公里和时间，提升了配送到站的准时率。

（2）人员管理。加强员工思想意识的提升。通过落实班组建设，开展老带新活动，增加基础培训，明确各区域责任制，修订标准化操作手册等手段，提升员工的基本技能，增强了员工的归属感。同时，为班组建立了四项制度（班组例会制度、记录/档案/台账管理制度、班组考核制度、部门轮流检查制度）和五本台账（班长日志、安全管理记录、宣传教育记录、质量管理记录、绩效考核记录），并纳入日常考核指标中，充分发挥和调动每一位员工的积极性，引导员工自我管理。

（3）物流中心管理。物流中心全面推行8S管理。围绕"效果看得见、持之以恒是关键"8S管理阶段性目标，建立"库内、库外、车辆、办公室、精神面貌"等各项8S管理标准，并通过落实"培训、检查、考核"三位一体的推进措施，导入相应的管理和考核制度，确保制度的长期性和严肃性。同时，对全部的物流中心开展冷链配送低温占比考核及年度劳动竞赛，开展各项物流运营质量关键指标考核。

（4）安全管理。规范执行安全制度，加强了安全监管。领鲜物流建立了易腐、易碎品管理制度、仓库管理等制度，并定期组织消防安全培训。同时加大不定期的巡查、监控，尤其在车辆上，监督和维修多部门合理分配任务，保证车辆性能，发现问题及时处理。

3. 软硬件管理的不断创新

为全程保障配送产品的冷链质量，同时也为了确保产品质量和节能降耗要求，领鲜物流在日常营运的软硬件管理上不断推陈出新，进行适应性的调整和变革以实现最佳的配送效果。在城市配送中经常因配送网点过于密集，导致配送过程中需要频繁开关车门进行卸货交接致使后车厢内冷气外流，在短时间内无法有效的恢复车内冷链温度，给冷链货物质量带来一定的隐患。领鲜物流结合多年的冷链城配经验，在硬件上创新，使用门帘有效控制配送过程中冷气外流的情况；同时在管理体系上，制定一套卸货交接的操作规范，从而达到了节能降耗、有效提高配送质量的效果。

冷藏车辆一般会采用固定塑料片门帘来防止后车厢冷气外流，但在实际使用中上下货不方便且塑料片受冷后容易受损，领鲜物流所安装的双向移动门帘采用不对称叠加复合式，通过滑槽便于在车厢内移动。同时，在配送过程中货量不断减少的情况下，门帘可以前移，减少了制冷机组需要制冷的空间，从而起到了节能降耗的效果，且真正有效地避免冷气过度外流导致的逃冷情况发生，具体如图10-8所示。

图 10-8　冷藏车门帘对比图

在公司管理方面，领鲜物流将全面质量管理检查工作作为一项长效的管理机制，通过采用管理人员深入一线、实施"以量定编"等措施，提高劳动生产率。同时，公司提倡以创新促管理，以增效降成本，在各物流配送中心开展"降本增效、创新管理"活动。在效率提升、人员精简、线路整合等方面创新思维，对人员成本、配送线路、冷库用电、办公费用等各个方面关注细节，注重优化，落实责任，全员参与，积极推进。通过改革薪资结构，开展灵活激励制度，调动员工的积极性。鼓励全员发展第三方业务，对贡献员工实施销售提成奖励，倡导业绩文化，发挥业绩指标导向性作用。

案例分享

中国国际进口博览会餐饮食品配送案例

2018年首届中国国际进口博览会（以下简称"进口博览会"）于2018年11月5~10日在中国国展中心（上海）举办，根据上海市政府、市商务委等部门的相关要求，为实现进口博览会期间展馆内用餐人员"供得上、吃得好、吃的安"目标，餐饮食品实施"归口管理、集中配送、统一调度"制度。领鲜物流通过公开招标，成为2018年首届中国国际进口博览会展馆内餐饮食品物流供应保障唯一的物流配送服务商，为展馆内的餐饮企业、便利店、自动售货机、团餐、用餐厅单位提供餐饮配送服务。

领鲜物流在进口博览会餐饮食品供应保障组的指导下，细化落实了《首届中国国际进口博览会餐饮食品供应保障实施方案》的有关要求，成立了保障团队，制定了物流配送方案，明确了落实"展前、展中、展后"三阶段的物流保障任务，为展会期间展馆内十类人群的用餐需求提供"双安全"的物流配送保障服务。

（一）建立完善的管理制度及机制

1."双供应一追溯"管理制度

紧紧围绕展馆内餐饮企业采购食品原料有效供应和质量安全目标，结合进口博览会一级安保及食品安全保障的要求，要求餐饮企业使用的"双供应"食品原料实现100%信息可追溯，即实施"双供应一追溯"管理制度，采取定厂、定库、定车、定人、定证、定时等"6定"管理措施。

2."归口管理、集中配送、统一调度"机制

综合考虑目前展馆内餐饮企业原料配送和食品供应情况，进口博览会期间，由市商务委统筹协调，市公安局、市食药监局、进博局（国展中心）有关单位按照职责分工协作，实行"归口管理、集中配送、统一调度"机制，将所有进馆食品（团膳除外）集中存储到中转物流总仓，采取"集中检测、安检前移、全程押运、绿色通道、集中分配"等措施，确保工作环节衔接有序，补给供应调度有序，安全管控监管有序。

（二）配送模式

为做好餐饮食品供应保障服务，进博会餐饮物流采用了"归口管理、集中配送、统一调度"的"总仓"模式，设立了中转物流总仓，将所有供应商的食品、原材料统一入库，再由总仓配送至各馆内的餐饮企业，如图10-9所示。

图10-9　领鲜物流进博会总仓及配送车辆实景图

1. 原材料及食品配送

原材料及食品配送至中转物流仓，采用"运一备一"或按全展期需求备足货源的方式，以确保多存储一天以上的餐饮供应量。餐饮企业以"整箱"为单位提前24小时邮件形式下订单，告知"总仓"和供应商订货信息，供应商使用标准周转箱依照指定时间送达"总仓"（收货通道关闭时间为17:00），并接受车辆、人员的一级安保检查和食药检测人员的食品安全抽查，数量清点无误后签收，并通知园区内餐饮企业。

"总仓"根据餐饮企业的订单，夜间进行配送，由安保人员随车押运，抵达场馆后，车辆和人员需接受一级安保检查，清点数量无误并交接好单据后，将周转箱及容器随车带回。

日间补货配送是当场馆内餐饮企业等现有库存无法满足当日需求时，可提前3小时通过邮件向中转物流总仓提出日间补货申请，审核通过后，中转物流总仓安排拣货、配货、装车，并由安保车随车押运至场馆指定交接点，在通过小型电动车进行短驳，运至展馆内指定位置。

2. 餐食配送

日间餐食产品配送主要服务于团体膳食外卖单位、集体用餐配送单位、展馆内团体用餐单位。外卖单位至少提前3小时提交邮件给中转物流总仓，并同时以电话形式告知，中转物流总仓审核订单数据、调度车辆，并对运输车辆消毒后，由安保人员随车押运，车辆到达指定提货点，食药监人员完成质量抽检后，外卖单位组织人员装车作业，并告知馆内人员，在进入展馆前接受一级安保检查后，将车辆运至指定卸货地点，在清点数量无误后，通过小型电动车进行短驳，运输至指定就餐点。

（三）保障措施

为了保障项目的实施，对订单、仓库、配送、车辆、系统平台、食品安全及安保等均提出了相应的要求。

（1）订单操作要求。对于食品原料采购订单，各餐饮企业按照统一的订单模板，每天晚上按规定时间完成N+2天采购下单，邮件同时发送至食品原料供应商和中转物流总仓。食品原料供应商按订单准备原料，

N+1天前运送到中转物流总仓,在中转物流总仓完成安保检查、食品安全检查和入库。当天凌晨由中转物流总仓按照订单,配送到订货的餐饮企业。对于餐食配送订单,团体用餐单位应至少提前3小时提交邮件给中转物流总仓及外卖单位。中转物流总仓对运输车辆消毒,保安随车押运到指定地点提货,送达场馆指定位置后,由电动车辆短驳送至就餐点或者门店。

(2)仓库要求。设立中转物流总仓,距离展会中心7公里,用于所有供应商(团膳除外)的食品和食品原料统一入库及配送,同时将安检环节前置,提高运营效率。

(3)配送模式。对于食品原料配送,供应商将产品于当日白天运至中转物流总仓并回收周转箱,当日夜间至次日凌晨进行夜间配送,从中转物流总仓配送至餐企门店并回收空置周转箱,原则上一店配送一车次。日间应急补货,餐企发起补货需求后,中转物流总仓按照补货指令,将备用食品或食品原料,运至场馆指定位置,使用冷链电动车配送至门店或流动售货点。对于日间餐食配送,采用白天配送方式。运输车辆集中在中转物流总仓进行一级安保检查和消毒,按计划由安保人员押运至餐食中央厨房提货,再全程安保押运配送至场馆指定位置,使用冷链电动车配送至流动就餐点。

(4)车辆配置要求。按照"馆外大物流、馆内小物流"的原则。在展馆外,选择F级5~8吨多温区冷藏车型作为中转物流总仓与展馆间配送的主要运输车型,车内具有全程可监控的车辆行驶轨迹和温控设备,所有车辆均按照安保要求进行通行证管理。在展馆内,配备新能源冷链电动车及0.9吨新能源冷藏车,满足展馆内短途低温配送要求。配送车辆如图10-10所示。

(5)系统平台要求。进口博览会餐饮供应保障系统将提供基于web端操作,并支持移动端应用(微信、APP)的技术方式,有效支持进口博览会餐饮供应保障的业务操作,实时跟踪车辆位置定位和记录货物在途的温度。

图 10-10　领鲜物流进博会配送车辆实景图

（6）食品接收查验要求。包括单证齐全、索证索票和包装规范完整。单证齐全包括《配送单》、产品的检验合格报告或合格证、畜禽肉类（不包括加工后的制品）的动物产品检疫合格证；进口食品的卫生证书；豆制品、非定型包装熟食的豆制品送货单、熟食送货单，及《进口博览会餐饮食品供应出库单》等。统一配送的食品原料包装箱上要有完整的专供包装标签。

（7）物流配送食品安全要求。在中转物流中心建立食品原料快速检验室，派驻食品安全检测人员，对食品原料按批次抽检，确保食品安全。

（8）物流配送安保要求。按照一级安保要求，在中转物流总仓派驻保安人员24小时待岗、24小时监控并巡逻，并对所有车辆、人员、货品进行安全检查，车辆必须停靠制定车位，使用专用出入口。进、出口前设车辆扫描设备通道，扫描检查运输车辆，进口博览会餐饮食品物流运输保安全程押运。安保设施如图10-11所示。

图 10-11　进博会安保设施实景图

（四）项目实施效果

领鲜物流在21天里共使用大型运输车辆40辆（备车10辆），出

> 车1035车次，完成运送160803个周转箱，运送各类馆内销售物资累计达1914.82吨，行驶里程超过46000公里，安全配送热链餐食数量达到260000份。"万无零失"的工作成绩，确保了进博会期间餐饮配送任务的圆满完成。

（三）经济效益分析

领鲜物流针对便利店和部分有较大拆零分拣需求的客户，较早的采用了DPS实现拆零拣货，通过该系统可以有效降低拣货的差错率，降低作业中断，节约用工成本。据测算，采用DPS后有效提升了分拣作业的速度，相比原先人工纸面拣货大大降低了拣货差错率（低于0.2‰）。按照一个波次拣货498家门店计算，相比原先人工作业可节约用工约8~10名，年节约用工成本约30万元。该系统主要服务于领鲜物流的四家客户，日拣货品项数约400个，总件数约10万件，有效地降低了仓库运作成本，提高作业效率，提升客户服务能力。

领鲜物流为客户提供的一体化信息解决方案，帮助客户整合订单管理、销售管理、物流配送、仓储管理及客户服务等多个供应链环节，通过先进的系统与个性化方案定制，进行合理的订单处理分类、路线规划及出入库批次管理，日订单处理量由原来4500单/天上升至8000单/天，到货准点率达90%，帮助客户销售额同比增长43%，产品在途损耗下降41%，物流成本大幅下降，实现了集约化、绿色化的物流配送。

（四）下一步发展思路

领鲜物流将不断提质增效，通过加强与上下游企业的深度合作，不断提升自身软硬件实力，积极探索商业模式转型与变革，引入"互联网+物流"模式助力企业快速发展，实现"合作共赢、共创未来"的愿景。

三、案例评析

领鲜物流深耕冷链城市配送行业20多年，传承了光明乳业20多年面向现代零售的冷藏、常温乳品物流运作经验和客户服务经验，通过在全国设立现代化的分拨中心，形成了覆盖全国的食品物流网络。

领鲜物流通过不断优化完善的仓储管理、电子拣货、运输管理、车辆温控等信息系统支撑多种业务模式协调运作管理，在满足客户需求的同时，减少库存量，提高仓库周转率及作业效率，提升客户服务能力。同时，领鲜物流采用标准化、精细化、透明化的运营策略，建立符合国际标准的企业质量管理体系和通过国际标准认证的分拨中心。

领鲜物流作为冷链城市配送型企业，以提供固定城区及近郊地区的冷链仓储及配送服务为主要业务，是冷链链条中"最后一公里"的配送环节。多年来，领鲜物流以"区域物流领袖，食品物流专家"为经营目标，秉承"新鲜、迅捷、准确、亲切"的服务理念，通过多种业务模式协调运作管理、标准化的企业服务流程、透明化的信息系统，不断创新变革，确保在冷链全程的温度可控，提高了运行效率，提升了客户满意度。

案例 11　快行线
——城市共同配送的先驱者

一、发展概况

（一）企业简介

北京快行线冷链物流有限公司（以下简称快行线）成立于2014年，注册资本3000万元，前身是2003年成立的北京快行线食品物流有限公司，是从北京顶点商贸中心剥离出来的第三方物流企业。深耕行业20年，快行线实现了商流物流的高度融合，在大力发展城市配送业务的同时一直致力于"共同配送"模式的践行。2016年，企业资产负债率为51.31%，主营业务收入为9620.58万元，净利润292.19万元。快行线依托全国的17座多温层冷链仓库，采用同城配送"准时达"、冷链零担"约时达"、生鲜宅配"恰时达"三个服务产品相结合的方式，面向全国236个城市开展冷链配送业务，全力打造"一点进入、全网覆盖"的城市零担班车网络体系。

快行线主要服务超市及餐饮供应商、生鲜配送中心、连锁餐饮和生鲜电商4类客户，如沃尔玛、家乐福、全聚德、呷哺呷哺、永辉、京东等，服务范围遍及43个城市5万个超市的冷链生鲜配送。快行线充分发挥本土优势，在北京配送服务覆盖2000多家超市及餐饮企业的肉、蛋、菜、奶等商品以及超市里70%以上的生鲜品牌。快行线在北京、上海、广州、武汉、南京等多地区拥有17座业务类型相近且高度协同的多温区仓库，仓储面积56300平方米，整合车辆资源600多辆，其中北京地区自有车辆79辆，外协车辆200多辆，各地仓储设施分布情况如图11-1所示。

经过多年发展，快行线已成为专业的第三方冷链物流解决方案提供商及运营商，多次获得行业协会的荣誉，是中物联冷链委副会长单位及常务理事单位。同时，快行线被选为《食品冷链物流追溯管理要求》（GB/T 28843—2012）和《餐饮冷链物流服务规范》（WB/T 1054—2015）的试点企业。

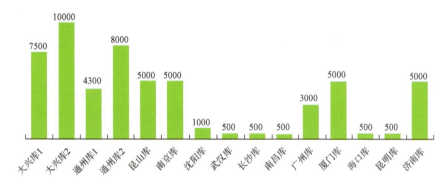

图 11-1　快行线仓储设施仓储面积图（单位：平方米）

（二）发展历程

1. 转型起步，开启第三方物流发展之路（2003—2008年）

1996年，北京顶点商贸中心成立，通过商超、餐饮渠道开展冷冻、冷藏食品的销售代理业务。2003年，顶点商贸将物流从销售业务中彻底剥离，成立了北京快行线食品物流有限公司，开启向第三方物流发展之路。

2. 联盟发展，构建全国物流配送网络体系（2009—2014年）

2009年，快行线冷链联盟成立，引导其他城市的冷链食品代理商向"第三方物流"转变，开始全国的物流配送网络体系构建。2014年，北京快行线冷链物流有限公司成立，并通过股权合作、业务合作的方式将联盟体系内涉及的城市逐步纳入快行线管理体系，完成了由联盟的管理模式向公司化的管理模式转变，快行线逐步发展为专业的第三方冷链物流解决方案提供商及运营商。

3. 资本助力，加快冷链物流服务体系建设（2015年至今）

2015年，快行线完成平安艾格农业基金的千万美元A轮融资，插上资本的翅膀，快行线加快了完善全国配送网络体系的进程。2016年以来随着全国17个多温区冷链仓库逐一落成，在保持同城配送领先地位的基础上快行线开始打造365乘以365的全国冷链零担体系，在236个地县级以上城市为客户提供"一点进入、全网覆盖"的物流服务体系。2017年，上海郑明现代物流有限公司入股快行线，快行线结合上海郑明在全国范围内的物流、仓储优势资源，开展相关物流业务合作，实现资源共享、优势互补，加快物流服务体系的建设。

二、发展策略

（一）发展共享共配的业务模式

快行线最早属于自营物流的传统模式，虽然服务柔性强，不计物流成本只强调服务，但投资大、投资风险和管理风险较高，而且业务集约化程度低、发展空有限。为此，快行线提出"共同配送"的理念并加以实行。

基于城市共同配送的理念，快行线主要发展"共享共配"的业务模式，推出了同城配送"准时达"的同城共配服务产品，主要通过仓库共享、运输共配、按箱计费、线路固定的方式服务于超市供应商。将仓库共享、运输共配、"一点接入、全网覆盖"相结合，打造快行线在冷链行业中的核心竞争力。

快行线负责操作沃尔玛、家乐福、大润发等大型超市的配送中心，通过分拣区错时操作，一个仓库可以同时满足仓储型客户和通过型客户的需求，在同一个仓库内同时操作两种不同类型的客户，最大限度地提升库房的使用效率；为客户提供用最经济的成本实现全网全过程的物流服务，通过全国各个分公司的仓运配物流体系，实现"一点接入、全网覆盖"的配送模式。

快行线操作的城市配送中心如图11-2所示。

（二）以强大的信息管理系统保障业务高效运转

快行线深刻了解信息系统对冷链业务的重要性，目前信息管理系统包括仓储管理系统、订单管理系统、运输管理系统、车辆定位系统及与供应商对接的电子数据交换（Electronic data interchange，简称EDI）系统等。基于强大的信息系统，快行线完成从传统的依靠经验管理转变为依靠精确的数字分析管理，通过数据及时采集、过程精准管理、全自动化智能导向，实现了冷链物流全过程温度监控和可追溯性，大幅提升了企业的管理水平和运作效率，节省运作时间和作业成本，保障业务高效运转。

图 11-2　快行线操作的超市配送中心实景图

1. 仓库管理系统

仓库管理系统是通过入库业务、出库业务、仓库调拨、库存调拨和虚仓管理等功能，对批次管理、物料对应、库存盘点、质检管理、虚仓管理和即时库存管理等功能综合运用的管理系统，该系统可以独立执行库存操作，也可与其他系统的单据和凭证等结合使用，可为企业提供更为完整企业物流管理流程和财务管理信息。系统功能介绍如下：

（1）货位管理。采用数据收集器读取产品条形码，查询产品在货位的具体位置（如X产品在A货区B航道C货位），实现产品的全方位管理。通过终端或数据收集器实时地查看货位货量的存储情况、空间大小及产品的最大容量，管理货仓的区域、容量、体积和装备限度。

（2）产品质检。产成品包装完成并粘贴条码之后，运到仓库暂存区由质检部门进行检验，质检部门对检验不合格的产品扫描其包装条码，并在采集器上作出相应记录，检验完毕后把采集器与计算机进行连接，把数据上传到系统中；对合格产品生成质检单，由仓库保管人员执行生产入库操作。

（3）产品入库。从系统中下载入库任务到采集器中，入库时扫描其中一件产品包装上的条码，在采集器上输入相应数量，扫描货位条码

（如果入库任务中指定了货位，则采集器自动进行货位核对），采集完毕后把数据上传到系统中，系统自动对数据进行处理，数据库中记录此次入库的品种、数量、入库人员、质检人员、货位、产品生产日期、班组等所有必要信息，系统并对相应货位的产品进行累加。

（4）物料配送。根据不同货位生成的配料清单包含非常详尽的配料信息，包括配料时间、配料工位、配料明细、配料数量等，相关保管人员在拣货时可以根据这些条码信息自动形成预警，对错误配料的明细和数量信息都可以进行预警提示，极大地提高仓库管理人员的工作效率。

（5）产品出库。产品出库时仓库保管人员凭销售部门的提货单，根据先入先出原则，从系统中找出相应产品数据下载到采集器中，制定出库任务，到指定的货位，先扫描货位条码（如果货位错误则采集器进行报警），然后扫描其中一件产品的条码，如果满足出库任务条件则输入数量执行出库，并核对或记录下运输单位及车辆信息（以便日后产品跟踪及追溯使用），否则采集器可报警提示。

（6）仓库退货。根据实际退货情况，扫描退货物品条码，导入系统生成退货单，确认后生成退货明细和账务的核算等。

（7）仓库盘点。根据公司制度，在系统中根据要进行盘点的仓库、品种等条件制定盘点任务，把盘点信息下载到采集器中，仓库工作人员通过到指定区域扫描产品条码输入数量的方式进行盘点，采集完毕后把数据上传到系统中，生成盘点报表。

（8）库存预警。可以根据企业实际情况为仓库总量、每个品种设置上下警戒线，当库存数量接近或超出警戒线时，进行报警提示，及时地进行生产、销售等的调整，优化企业的生产和库存。

（9）质量追溯。可根据各种属性如生产日期、品种、生产班组、质检人员、批次等对相关产品的流向进行每个信息点的跟踪；同时也可以根据相关产品属性、操作点信息对产品进行向上追溯。信息查询与分析报表在此系统基础上，可根据需要设置多个客户端，为不同的部门设定不同的权限，无论是生产部门、质检部门、销售部门、领导决策部门都可以根据所赋权限在第一时间内查询到相关的生产、库存、销售等各种可靠信息，并可进行数据分析。同时可生成并打印所规定格式的报表。

（10）其他功能：包括业务批次管理、保质期管理、质量检验管理、即时库存智能管理、赠品管理、虚仓管理、仓位管理、业务资料联查、多级审核管理、系统参数设置、完善的系统辅助工具、波次计划等。

2. 订单管理系统

订单管理系统通过对客户下达的订单进行管理及跟踪，动态掌握订单的进展和完成情况，提升物流过程中的作业效率，从而节省运作时间和作业成本，提高物流企业的市场竞争力。其主要功能是通过统一订单提供用户整合的一站式供应链服务。系统功能介绍如下：

（1）订单管理。系统可实现单次及批量订单，订单管理与库存管理相连接，并且在下订单时有库存预警及提示功能，订单管理同时与客户管理相连接，可查询历史订单情况以及订单的执行情况。

（2）经销商管理。系统以企业的销售渠道建设为重点，对供应链中的信息流、物流和资金流进行系统规划，全面实施过程监控，加强企业与销售商之间业务的紧密合作，通过规范经销商内部的业务流程提高其资源管理方面的能力，同时向客户提供了全方位的销售体验和服务。

（3）仓管管理。仓库管理以条形码为数据源，使用数据采集终端扫描条码标识进行数据采集。系统从级别、类别、货位、批次、单件等不同角度来管理库存物品的数量，以便企业可以及时了解和控制库存业务各方面的准情况，有效地进行产品物流监控。

（4）销售费用管理。销售费用管理通过建立一套完善的销售费用管理体系，把费用控制到合理范围内。

（5）费用预算及考核。企业财务预算的监控就是在财务预算执行过程中对预算执行情况所进行的日常监督和控制。通过预算监控发现预算执行的偏差，对企业各责任中心预算执行结果的考核，是保证财务预算管理体制发挥作用的重要手段和环节。

（6）直供客户结算。统计报表和直供客户的对账单都可以自动生成EXCEL电子表格文件，避免了大量烦琐的计算和文件格式转换。对账单能够明确的反映每个直供客户的款项明细。

3. 车辆定位系统应用

快行线在车辆中广泛安装了GPS定位系统,可实现车辆跟踪、信息查询、话务智慧、紧急救援等功能。

(1)车辆跟踪。利用GPS和电子地图可以实时显示出车辆的实际位置,并可任意放大、缩小、还原、换图;可以随目标移动,使目标始终保持在屏幕上;还可实现多窗口、多车辆、多屏幕同时跟踪。利用该功能可对重要车辆和货物进行运输跟踪。

(2)信息查询。监测中心可以利用监测控制台对区域内的任意目标所在位置进行查询,车辆信息将以数字形式在控制中心的电子地图上显示出来。

(3)话务指挥。调度中心可以监测区域内车辆运行状况,对被监控车辆进行合理调度。调度中心也可随时与被跟踪目标通话,实行管理。

(4)紧急援助。通过GPS定位和监控管理系统可以对遇有险情或发生事故的车辆进行紧急援助。监控台的电子地图显示求助信息和报警目标,规划最优援助方案,并以报警声光提醒值班人员进行应急处理。

(三)效率效益分析

快行线发展共享共配的业务模式,通过对仓储区域及操作区域"错时使用"可以实现同时满足多个客户的操作需求,为客户降低操作及相关运营成本,规模化运作也降低了物流企业自身营运成本。同时,通过集货量、做协同,大幅降低参与者的营运成本,不仅缓解了城市的交通拥堵,而且减少了尾气排放对环境的污染。

共配业务模式如图11-3所示,可以看出,每个供应商配送500家门店,就是500次的配送,如果37家供应商都要配送500家门店,就是37×500=18500次配送;但是如果采用共同配送模式,供应商把全部需要配送的商品放到快行线的库房,再由快行线的配送车队,送达到500个门店,只需37+500=537次配送,减少了17963次,从节能减排的角度每天就可以减少约41吨的碳排放。

图 11-3　快行线共享共配模式减排效益测算图

（四）下一步发展思路

在城市冷链配送的份额中，超市年增长率在5%~10%，餐饮市场却达到了30%~40%的年增长率，整个餐饮行业营业额规模已达3.6万亿元，按照平均食材占比30%计算，食材也已达到1.2万亿元规模，未来市场将从成本优先逐渐向品质优先转变。

"一点进入、全网覆盖"已经成为快行线在冷链行业中的核心竞争力。快行线将充分发挥企业优势，为客户提供经济、高效的冷链物流解决方案；同时，完成其实施及落地运营工作，不断突出"方案提供+运营实施"的双重能力。快行线将以商超共配为基础，全力打造共享配送体系，打造城市零担班车网络体系。未来，快行线将在做好自己现有业务的同时继续整合资源，不断创新、总结经验，向冷链行业的餐饮板块、零担板块继续渗透。

三、案例评析

深耕行业20年，快行线不断地创新经营模式，完成了从"企业物流"向"物流企业"的蜕变、从共同配送到共享共配的模式升级、从冷链零担365乘以365到生鲜裸配的环保产品开发，逐步发展为专业的第三方冷链物流企业,成为我国城市共同配送的倡导者与践行者。

快行线重视物流信息化应用与投入,具有良好的企业信息技术基础和冷链物流系统设计解决方案等优势,拥有遍布全国的城市配送网络和强大的商超、连锁餐饮配送能力,实现冷链全流程温度可视化。

快行线发展"共享共配"的模式,由于减少了配送线路从而减少物流车辆,不仅可缓解城市交通拥堵,同时也减少了汽车尾气对社会环境造成的污染和危害,积极承担起企业的社会责任。快行线始终围绕着"共享共赢"和"绿色环保"的理念做变革,致力把自身打造为冷链行业中最有"温度"的企业。

第三章 城市统仓共配服务企业

案例 12　小码大众
——分布式共享仓配冷链物流服务引领者

一、发展概况

（一）企业简介

小码大众成立于2015年10月，企业服务于冷链物分布式共仓共配业务，聚焦于冷链物流市场70%左右的长尾碎片化订单。小码大众以线下城市冷链公交车和区域定点定时班车的形式为基础，以"码尚配""微仓配"等产品为互联网和信息化的工具，在长尾中创造规则及建设服务标准，依托自营城市冷链中心网络，为客户提供共（异）仓共配冷链配送交付服务。截至2018年底，小码大众在全国拥有上海、北京、深圳、武汉、福州、西安等六个核心枢纽城市冷链共仓共配中心，另外有近200家各地市冷链物流加盟协作网点，服务于华东、华南和华北区域近8000位企业客户，服务对象包括华润万家、恒天然、新和盛、上海大江、美文金文、唯益奶油、渠道集团、快道平台、中马集团、绿成供应链集团、盒马鲜生、鸿海集团、乐纯酸奶、信良记、海欣食品、好必食等，具体如图12-1所示。

图 12-1　小码大众战略客户矩阵

（二）发展历程

1. 互联网平台型企业（2015—2016年）

传统的冷链第三方企业多数只服务于大公司，做定制化的物流解决方案，冷链物流市场70%的长尾订单及中小客户的冷链需求无法被满足。成立之初，小码大众定位于互联网平台型物流公司，即打造"生鲜冷链的滴滴模式"，运用互联网平台，集聚超市、个人、物流公司的专用冷链车，对接超市、餐厅的生鲜配送需求，通过提高冷链车的运输频率，提升收入，从而把生鲜配送成本降到最低。小码大众线下以城市网格冷链公交车形式为基础，线上以互联网和信息化为手段，在长尾订单中创造规则及建设服务标准，提供城市和区域的冷链配送交付服务，以产品型物流的特点在行业内独树一帜。

2. 第三方冷链物流服务商（2017年至今）

2017年初，为满足客户对仓配一体服务的需求，小码大众开始布局仓储设施，逐步从互联网平台型物流公司往第三方冷链物流服务商转型，实现由"轻"到"重"。2018年，小码大众在传统第三方冷链服务的基础上作出重大突破，出品了冷链行业仓配一体化标准产品——"微仓配"，填补了我国冷链第三方市场缺少小微客户服务的空白，让冷链行业70%的长尾订单规模得以完全释放。截至2018年底，小码大众服务于华东、华南和华北区域近8000位企业客户，未来三年内将通过直营和生态加盟的模式覆盖全国的每一座城市，实现中国冷链物流智能服务网络，支持客户一箱货冷链覆盖全中国。

二、发展策略

（一）构建冷链智能共仓共配平台

2018年，冷链物流行业存量市场3000亿元，增量市场近万亿元。然而，我国第三方物流企业集中度不高，超过95%的第三方冷链物流企业在抢占30%的合同物流市场，70%的中小冷链客户得不到专业服务。中小微冷链客户有其独特市场特征：客户分布不集中，获取客户的费用和时间成本高；客户规模小、积累过程慢；客户的议价能力弱，毛利高、市场竞争较少。移动互联网时代使得链接中小微冷链客户具有了可行性，小码大众应运而生，通过构建冷链智能共仓共配平台为中小客户提供冷链配送交付服务。

1. 创立"码尚配"冷链智能共配平台

成立之初，小码大众就创立了"码尚配"冷链门到门智能共配平台，打造城市冷链公交车，其客户端界面如图12-2所示。平台专注于冷链+互联网，旨在利用移动互联网链接中小冷链客户，实现"让专业冷链服务更容易"。平台通过智能共配方式，为生鲜电商、经销商、批发商、中小餐厅、超市、食品工厂、物流企业等冷链客户提供完整、高效的冷链零担共配共享服务，打造全国冷链物流网络。平台可以根据用户零散个性化需求，提供整车和零担不同服务，降低餐厅运输成本。实现全程冷链、全程可查、高效准时送达、全网覆盖、一件起提、一件起送。

图12-2 "码尚配"城市公交车客户端界面

码尚配平台专注于冷链互联网平台服务功能，通过冷链行业资源的服务整合，让冷链行业资源聚集度更高、资源配置更优、信息流更加高效对称、服务更加标准化，有效提升了冷链物流运营效率，降低了成本支出，保障了食品安全。2018年，"码尚配"深耕华东地区，并在其他业务区域与各区域最优质的物流商携手合作，为当地经销商、批发商、物流商等中小冷链客户提供智能共配服务，从而达到降低冷链物流成本，保障食品流通安全的目的，用创新为行业带来价值。

2. 打造"微仓配"冷链仓配的标准产品

2017年，小码大众业务"由轻转重"，通过普洛斯生态+雪链改造、企业物流冷库资源托管和社会冷库资源租赁，布局冷链仓储网络。针对传统农产品及食品流通价值链交易、物流环节多的行业痛点，小码大众提出了扁平集约供应链物流解决方案，具体框架如图12-3所示。即将上游品类和下游分销商，结合起来做共仓共配，促进商流环节扁平化、集约化发展，提升供应链物流效率。

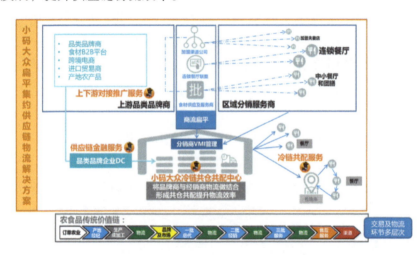

图 12-3 小码大众扁平集约供应链物流解决方案

基于冷库资源，小码大众打造了第一款冷链仓配的标准产品——"微仓配"，重点推动全网冷链共仓共配标准化如图12-4和图12-5所示。"微仓配"产品秉承和实践小码大众"让食品服务更容易"的企业使命，旨在为中小微客户提供全网便捷、标准和稳定的冷链仓配及数据服务，以实现降低商品流通规模门槛，促进物流费用清晰、固定、可计算，减少物流人员投入，账单、库存一键查询，出入库一键下单，实现服务可持续改善。

相对于传统冷链物流服务，"微仓配"平台有效迎合了中小客户的冷链运输需求，相比传统冷链服务50~100托、冷库半年起租的限制要求，平台可以提供1托起租、1天起租、5天免仓租、标准化价格的服务，可提供标准化的装卸、分拣、包装等附加物流服务。同时，平台有效保障了冷链物流服务质量，"微仓配"在干线运输方面推出了每周班车、价格标准的服务产品，在城市配送方面推出次日达、每天班车产品，通过对全程冷链的监控保障了运输时效和货物品质。此外，基于小码大众构建的冷链运平台管理系统，与客户系统实现对接，为中小企业提供ERP系统，支持各种终端的进销存报表实时查询、线上查询账单、线上实时追踪、查询仓储及运输信息，小码大众冷链云平台业务流程和系统架构如图12-6和图12-7所示。

图12-4 "微仓配"共同配送客户端界面

图12-5 "微仓配"整车客户端界面

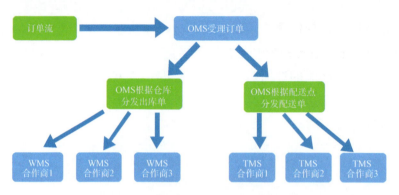

图 12-6　小码大众冷链云平台业务流程图

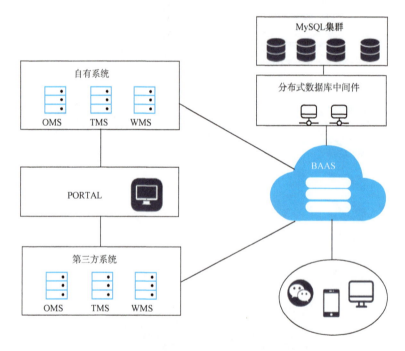

图 12-7　小码大众冷链云平台系统构架图

（二）经济效益分析

小码大众城市冷链公交车模式为品牌厂家、渠道企业以及电商平台等企业去中间化扁平交付中小门店和前置仓，有效降低了企业固定成本和物流费用，激励客户提升了供应链订存能力和预算准确性，深度优化存量物流效率，与客户共仓共享增量市场。以上海为例，传统第三方冷链市场70%的长尾订单客户物流起步价格达到600元/车，小码大众在全程冷链的前提下，配送一个点的费用仅为55元，平均为客户节约了将近40%的物流运输成本，具体效率效益概况如图12-8所示。

图12-8 小码大众运作模式效率效益概况图

（三）下一步发展思路

未来，小码大众将继续聚焦于破解新食材、新品类、新型供应链等中小微食品服务企业的行业核心痛点，推动标准化全网冷链共享仓配，提供全网便捷、标准和稳定的冷链仓配及数据服务。一方面，小码大众将加快各地仓储设施布局，逐步构建覆盖全国的冷链共仓服务网络。另一方面，小码大众将继续优化"微仓配"业务模式，最大化利用各地冷库网络，不断突出微仓配的功能定位与核心价值，以共享共配新冷链物流服务商的业务模式打造新冷链物流第一品牌。

三、案例评析

我国冷链物流企业主要为大中型客户做定制化的物流解决方案，但这类定制化服务造成第三方冷链物流企业无法实现资源共享、成本节约和效率优化，同时大量的中小客户得不到优质的冷链物流服务。普货零担物流领域的大型物流企业通过推出标准化产品，以标准的价格、服务、流程服务于中小微客户，产品型物流迅速崛起和普及。随着新零售快速发展，越来越多的生产企业、品牌商和进口商开始尝试直通终端渠道，急需一个可以提供分布式全网、标准且固定的价格、稳定且标准化的物流服务，满足便捷下单、信息化查询等服务要求，扁平分布式流量仓配成为必然发展趋势。

小码大众基于互联网平台和信息化工具，打造智能共仓共配平台，为经销商、批发商、物流商等企业提供全方位高效率的渠道冷链零担共配共享服务，实现中小微客户的批量化服务，使冷链物流服务操作更便捷、运行更稳定，同时有效降低物流成本、提升行业标准化程度。

第四章

医药冷链物流服务企业

第四章 医药冷链物流服务企业

案例 13　中集冷云
——区块链助力医药冷链运输规范化可视化

一、发展概况

（一）企业简介

中集冷云（北京）供应链管理有限公司（以下简称中集冷云）为中集集团控股子公司，拥有国内领先的"智能相变冷藏箱"研发和生产技术，全国布局3个智能相变冷藏箱生产工厂，拥有国内最大医药冷链零担运输和信息服务网络，其中35个直营医药冷链服务分支机构（省会及枢纽城市）、632家市县级分控服务网点，建设有医药冷链区块链信息化管理的六大平台：温控管理平台、冰骑士平台（最后一公里配送）、运输管理平台（Transportation Management System，简称TMS）、仓储管理平台（Warehouse Management System，简称WMS）、财务与库存管理平台（New Century，简称NC）和资产管理平台（Platform Asset-Internet of Things，简称PA-IOT）。

中集冷云主要围绕医药冷链提供冷链运输服务、冷链产品租赁、冷链产品销售三方面业务，其中提供冷链运输服务解决方案是公司业务的重中之重，2018年该项业务收入在企业总收入占比约为60%。企业冷链运输货物包括临床/临检样本、临床药品运输、生物试剂、体外诊断试剂、原料药、成品药和疫苗、血液制品四类；可通过整车运输、班车运输、保温箱零担运输，实现辐射全国1000多个城市的医药配送；服务国内国际1000多家优质客户，如石药集团、哈药集团、国药集团、迈瑞、恒瑞、金赛、欧蒙、美康、药明康德、西斯美康、华大基因、贝瑞、诺华、罗氏等。

2018年，中集冷云在北京、上海、广州、成都、郑州、武汉六大运营中心和23个省会级枢纽城市建有四温区的专业冷库,冷库容积达25000多立方米,配备完善的医药冷链运输配套设备,能够更好地为客户提供一体化的冷链运输服务;拥有100多个机场和800多个火车站的运输支持,形成了1500多条运输线路。公司已经与30多家客户进行信息化平台对接,在为客户提供增值服务的同时,最大限度地增加了客户的业务黏性。

中集冷云已成为医药一体化服务商。近年来,中集冷云获得多项专利技术及荣誉奖项,企业认证及获奖情况如图13-1所示。

图13-1 中集冷云认证及获奖情况

(二)发展历程

1. 中外合资,兼具国际化和市场化发展基因

1982年9月,中国国际海运集装箱股份有限公司(以下简称中集公司)正式投产。中集公司是中国政府实行改革开放政策后,引进外资的先锋项目。公司由招商局轮船股份有限公司与丹麦宝隆洋行合资经营,引进丹麦技术生产20英尺(1英尺=0.3048米)国际标准集装箱。股东的外资背景以及初期的外方负责经营管理,为中集的诞生注入了国际化和市场化基因。

2. 公司上市，推动规范化管理和集团化运作

1992年6月，中集公司开始进行内部股份化改组。1993年8月，经深圳市政府批准成为公众上市公司。1994年，获准发行股票，中集公司B股、A股先后在深圳证券交易所上市交易。公司上市开辟了资本市场的融资渠道，为公司的战略实施提供了必要的资本保障。同时，公司上市进一步优化了公司治理结构，健全了内外部监督机制，推动了公司管理的规范化，为公司的持续健康发展奠定了良好的制度基础。1995年，中集公司更名为"中国国际海运集装箱（集团）股份有限公司"，正式以集团化方式开始运作，完成了由单体企业向集团化企业运行模式的转变。在集团化运行中，通过统一营销管理、统一资金管理和统一采购管理等方式控制关键性战略资源，中集公司逐步形成了大规模营运和集约化经营相融合的核心能力，构筑了领先竞争对手的新的竞争优势。同时，集团总部通过不断探索，在运营管控、资源整合、内部协同中发挥了积极有效的作用。上市后，中集公司秉承"用好股东的钱，为股东创造价值"的理念，为投资者创造了丰厚的投资回报。

3. 实力积累，拓展冷链物流相关产业服务

1996年9月，上海中集冷藏箱有限公司（以下简称上海中集）正式投产。项目总投资5000万美元，引进世界先进的德国冷藏箱制造技术，投产次年即开始赢利。上海中集的投产标志着中集公司的产品技术开始从低技术含量向高技术含量发展，产品品种从单一化向系列化的转变。上海中集冷藏箱项目是中集公司在技术引进、技术消化、技术提升、技术主导以及技术输出等方面的成功实践，青岛中集冷藏箱生产线成为这一实践的完美结晶。发展至今，中集公司已经掌控了冷藏集装箱的全部技术体系，并在把握行业趋势、主导行业标准、维护知识产权等方面显示出了行业领导者的风范。

2001年，中集公司在取得了集装箱行业领导地位的基础上，进一步明确了"为现代化交通运输提供装备和服务"的使命，从战略高度全面化、系统化、清晰化地确立了业务竞争领域，建立和并行发展三个层面的业务：第一层面为现有核心业务——集装箱业务；第二层面为厢式半挂车业务，后逐渐调整为道路运输车辆业务；第三层面为以更广泛的形式介入现代化交通运输装备及服务行业中有生命力的业务。

2016年9月，中集冷云（北京）供应链管理有限公司成立。中集冷云成为中集集团旗下一家集冷链设备生产研发、销售租赁和冷链运输为一体的综合服务型企业。在商业模型建设方面，中集冷云借助北京中集打造"产网+地网+天网"的三网智能冷链平台实现飞速发展，其中"产网"是指专业智能医药冷链箱，"地网"则包括广泛布局的服务网络和先进的标准化工器具，"天网"则由可视化云平台系统、专业运营团队和标准化管理输出构成。

二、发展策略

（一）提供"研运"一体化冷链解决方案

围绕医药产品，中集冷云可提供包括"冷链包装+运输服务+温度监控+信息化"四个方面"研运"一体化的冷链解决方案。

公司自主研发了保温箱、冰排、温度计、云平台等冷链温控产品，包括300多种规格的相变蓄冷剂（冰袋、冰板、冰排）、50多种保温箱和15种温度仪硬件和信息化软件产品。产品不仅用于公司自有冷链运输，还用于销售、租赁，主要客户包括京东物流、顺丰快递、得利德、荣庆物流、国药集团、嘉事堂、安鲜达、每日优鲜、多点生活、苏宁易购等国内300多家客户。主要产品介绍如下。

（1）温度记录仪产品。自主研发的智能温度记录仪可应用于医药冷链、药品研发、冷藏库测温、生鲜冷链等多个领域，产品的应用有助于实现冷链全过程的监控与追溯，保证产品安全。温度记录仪产品详情如图13-2所示。

（2）相变蓄冷剂及多种保温箱。保温箱采用真空绝热板（Vacuum Insulation Panel，简称VIP）材料，研发出多种温控要求保温箱。保温时效最长可达120小时以上。保温箱产品详情如图13-3所示。

第四章
医药冷链物流服务企业

图 13-2 温度记录仪产品

图 13-3 多种保温箱

（3）信息化软件产品。自建医药冷链温度监控平台，可进行车辆行驶路线、位置、温度湿度监测、预警提示等实时数据管理，实现医药冷链物流可视化。软件产品详情如图13-4所示。

图 13-4 软件产品

（二）区块链技术助力医药冷链智慧发展

1. 构建自有医药冷链信息系统

中集冷云自主研发六大信息平台，构建企业自有医药冷链信息系统。六大平台包括温控管理平台、冰骑士平台、TMS、WMS、NC和PA-IOT系统。每个平台可在各自领域实现数据的采集功能，并通过接口服务器，对不同的角色提供不同的服务。平台系统构件图如图13-5所示。

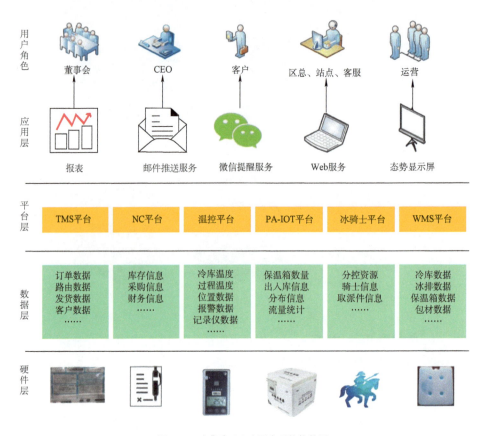

图 13-5 中集冷云六大平台系统构件图

2. 建立分布式数据账本

医药冷链运输按载体可分为冷藏车运输、冷藏包装箱运输两种，各有不同的应用场景。下面以中集冷云冷藏包装箱运输国药物流药品为例，详细分解医药冷链运输过程中包括冷媒配温、装药、出库、运输、返箱入库五个环节所产生的分布式账本数据，从而构建医药冷链运输的分布式账本数据。

1）配温智能化

订单管理系统（Order Management System，简称OMS）接到国药物流系统的下单指令后，将信息传输至TMS，由TMS自动根据订单信息生成保温箱数量、型号、温区等备箱任务信息，下发给WMS，然后分配到具体操作站点、冷库和执行团队。企业自有冷库如图13-6所示。

第四章 医药冷链物流服务企业

图 13-6 中集冷云自有冷库实景图

不同的冰排有不同的冷冻温区，温度过高或过低都会影响冰排冷冻的质量，因此冰排质量与冷库环境温度息息相关。为了实现温度的智能判定，所有中集冷云的冷库都安装了温度传感器、环境监测系统，实时采集冰板温度、释冷操作区环境温度、释冷区空气流速。根据冰板适应的冷冻温区，自动控制冷风机工作，减少人工干预和评判，确保了释冷操作的一致性，形成冷箱配置过程和结构的数据账本，如图13-7所示。

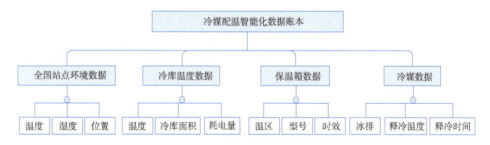

图 13-7 冷媒配温数据账本

2）装药可视化

完成配温的保温箱，到达国药物流冷库进行装药，装药过程如下：

（1）取件人员到达国药物流仓库开始取件装箱，首先通过智能手持终端（Personal Digital Assistant，简称PDA）扫描保温箱条码，确定箱内温度合格。

（2）通过系统查看用户订单信息，核对无误后验收用户交接清单药品，并拍照上云平台，确保运输前的货物状态。

（3）药品装箱后将运单信息与保温箱进行关联，远程自动设置温度记录仪上下限温区和采集发送间隔时间。

（4）温度记录仪开始实时采集箱内温度、地理位置信息并上传。

整个过程生成了可视化装药数据账本，如图13-8所示。

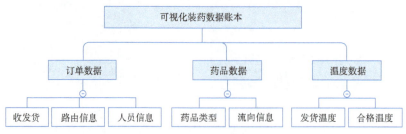

图13-8　可视化装药数据账本

3）出库自动化

中集冷云研发的PA-IOT可实现出库自动化、自动标记出库时间戳等功能，具体如下：

（1）自动整批计算。整车或整托盘出入库后，自动进行数量计算。

（2）自动感知。感知保温箱动态是处于出库还是入库状态。

（3）自动查找超温冷箱。整车或整托盘出入库时，检测冷箱内温度是否合规，如果不合规，将自动查找超温冷箱，并实施截留。

（4）自动复核冷箱。出入库时，系统自动将运单信息与冷箱信息进行核查，如出现错、漏冷箱，将自动复核。

整个过程生成了出库自动化数据账本，如图13-9所示。

图13-9　出库自动化数据账本

4）运输透明化

出库后，保温箱进入运输过程，包括取件、干线运输与配送，全过程实现了数据透明化，具体为：

（1）运输全程中保温箱内温度、地理位置、各物流环节信息均透明开放和消息共享。

（2）从冷库、冷车、冷包各个环节开始进行温度数据拼接，确保温度记录全程不断链。

（3）当运输过程中出现超温、破损、倒置特情时，系统自动将报警信息传输到控制中心，由运营指定就近站点及时处理。

（4）保温箱定位地理轨迹可追溯，出现偏离地理围栏或出现6小时失联时，将迅速启动定位查找模式。

整个过程生成了运输过程数据账本，如图13-10所示。

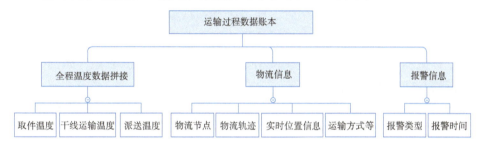

图 13-10　出库自动化数据账本

5）入库精准化

完成了干线运输、配送环节后，保温箱开始交付国药物流，过程如下：

（1）派件人员到达用户处开始交货签收，通过PDA扫描保温箱条码，确定箱内温度全程合格。

（2）通过系统查看用户订单信息，核对无误后开箱拍照上云平台，由系统进行照片比对，得出药品齐全评价，如果出现差异性结果，控制中心及时处置。

（3）派件人通过PDA或是通过温度记录仪本机打印温度清单，并交用户签字。

（4）系统根据在途温度数据和药品齐全评价结果，智能反馈冷链物流服务结果，并经用户确认后签字拍照上云。

当保温箱返回到站点时，PA-IOT会自动发送信息给WMS，WMS会自动记录保温箱的所在位置、使用时限、当前状态等参数，如果装备不堪重负或状况堪忧，系统会自动向操作人员提示该保温箱需要返厂维修或者报废，无法继续使用。

整个过程生成了精准入库数据账本，如图13-11所示。

图13-11　精准入库数据账本

完好的保温箱进入站点后，第一个操作区域为返箱区。操作人员按照大小分类码垛堆放后，进行拆箱操作线，即对箱体和冰板拆卸、检查后，保温箱按区域码放，冰板按型号归类直接放回冰排架车，冰排架、冰板均有唯一的身份标识并录入WMS管理。

> **案例分享**
>
> ## 中集冷云与国药物流的合作情况及方案
>
> （1）国药物流的服务流程——从冰排预冷，装箱操作，冷链运输，末端派送全程智能化操作（图13-12）。
>
>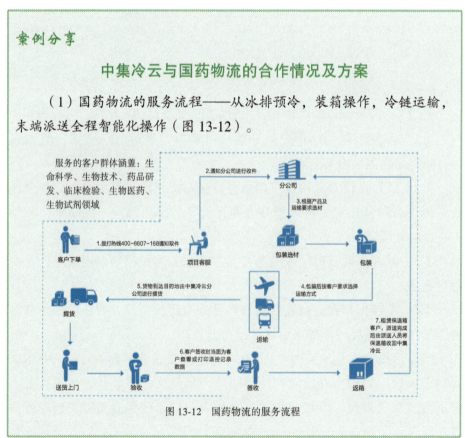
>
> 图13-12　国药物流的服务流程

（2）配温智能化——智能化预冷和释冷（图13-13）。

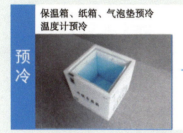

图13-13　智能化预冷和释冷操作图

（3）操作可视化——国药物流工作人员可远距离实时监控操作流程是否标准合规。

装箱标准作业流程（Standard Operation Procedure，简称SOP），通过PDA扫描保温箱条码，确定箱内温度全程合格。其装箱流程如图13-14所示。

货品整齐码放

四周空间填充气泡垫并放置温度计

顶部空间填充气泡垫

防潮袋与内纸箱封箱

正确填写并粘贴货签

正确填写并粘贴运单

图13-14　装箱流程图

（4）运输透明化——国药物流工作人员可实时远程监控货物状态及追踪每一票货运输轨迹。

通过登录中集冷云智能云平台系统实时查看运输轨迹，国药物流工作人员及终端客户可查询实时温度状态。

3. 搭建医药冷链信息系统的区块链模型

基于以上医药冷链运输流程构建出医药冷链的区块链模型，模型总体框架如图13-15所示。

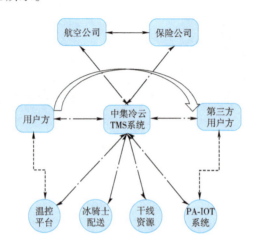

图 13-15　区块链模型

具体来看：

（1）"一签到底"的智能PA-IOT标签。

通过"区块链+PA-IOT标签+物联网"的方案，确保资产流向信息难以复制、仿制、回收，帮助国药物流建立货品的唯一跟踪与识别系统，实时监控审核货品动态及信息。通过在保温箱上安装PA-IOT标签，利用公共账本和不可修改的特性，提供实时验证服务和公开透明的数据网络，即用一种"技术契约"的方式来确保数据真实。构建的区块链模型包括了中集冷云内建的各个子系统，如温控管理平台、冰骑士平台、TMS、WMS、PA-IOT，这些平台与航空、保险等公司相互对接，生成大量数据并进行分布式存储，与第三方客户国药物流企业管理系统进行无缝对接，最终实现数据共享。

（2）开源式的思路，用户对接开放。

区块链追溯可以涵盖药品库存、运输等过程的各个环节，在实现"一单一码、物码同追"时，按照同一个标准去处理和识别各个环节提供的数据，从而追踪物流轨迹、温度湿度、运输时效等内容。

（三）经济效益分析

所谓医药冷链之痛，痛在哪里？从企业角度，合规难；从政府角度，监管难；从民众角度，信任难。政府和企业的两难从管理和技术上是可以解决的，唯独民众对医药冷链的信任很难提高。而区块链技术是分布式地记录医药冷链的每一个信息，使得篡改信息的难度极大，从而在一定程度上能够解决民众信任问题，有利于医药冷链解决方案的形成。

因此，构建区块链模型，并将区块链技术真正应用到医药冷链的实践中去，简化监督过程，逐步建立中国医药医疗冷链诚信体系，对于提升国家科学监管水平具有重大意义。同时，区块链技术的推广应用，必将推动医药物流行业升级转型，安全、高效、诚信的冷链服务将成为主流，更好地提供公众服务，从而加强社会共治，具有重大的社会价值和经济价值。

据不完全统计，截至2018年底，中集冷云已经帮助众多行业客户降低平均运营成本20%以上，赢得了众多客户的认可和信赖。中集冷云每年帮助我国节约几十万个泡沫箱，为社会的发展和进步起到了积极的推动作用。

（四）下一步发展思路

医药冷链区块链技术可以颠覆传统互联网的底层技术，建立行业的新信赖机制，最大限度地保证了数据不可逆向更改，有效解决了医药冷链行业管理和政府监管的痛点。在中集冷云与国药物流的医药冷链运输实践中，利用区块链思想提炼出了各个环节的分布式数据账本，并深入到各个子系统中，探索分布式存储和开源管理技术，同时与第三方客户国药物流进行无限数据对接，探索数据共享和对接拓展模式，达到了数据不可篡改、去中心化等目的。未来，中集冷云将积极推动区块链技术在医药冷链的推广，整合全国的医药冷库、站点、冷藏箱、冷藏车等相关冷链物流大数据库，形成国药医药冷链网络，构建国家级区块链，严格按照《药品经营质量管理规范》要求，完善合理、合规、高效的中国医药冷链管理和监督体系，服务国家医疗产业健康发展，保障中国民众健康发展。

三、案例评析

中集冷云在医药冷链创新引入区块链技术，利用区块链概念提炼出各个环节的分布式数据账本，并将分布式存储融入各个子系统中，同时与第三方客户进行数据对接，实现数据共享，达到数据不可篡改、去中心化等目的；为医药冷链区块链平台搭建了模型，积极推动区块链技术在医药冷链领域的推广，将全国的冷库、站点、物流信息联系在一起，形成客户医药冷链网络；构建国家级区块链，为国家药监局实现中国医药冷链物流运输温度和质量结果的信息化监管探索道路，同时也为中国医疗冷链质量提升和大众健康保驾护航。

第五章

餐饮供应商企业

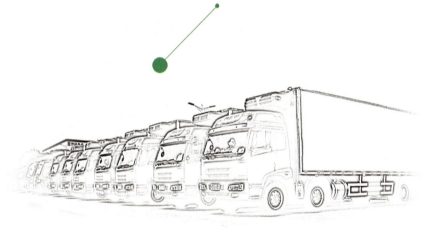

案例14 信良记
——餐饮供应链升级迭代的推动者

一、发展概况

（一）企业简介

信良记食品科技（北京）有限公司（以下简称信良记），成立于2016年，总部设在北京，是由新辣道餐饮集团孵化的餐饮供应链品牌，致力于成为中餐爆品标准化专家。信良记依托"烹饪美食，秒冻锁鲜"的核心技术，全面运用互联网化思维，整合下游餐饮渠道，专注中餐爆品标准化解决方案。信良记于2017年2月，获得由峰瑞资本领投、黑马基金、禧云国际跟投的pre-A轮5000万元融资；于2017年7月，获得由钟鼎创投领投、峰瑞资本跟投的1.2亿元A轮融资。信良记业务覆盖29个省市自治区，服务3000家餐饮企业，拥有20万亩养殖基地，10余个物流云仓，7家现代化食品加工工厂。

信良记基于中餐标准化产业，引领了餐饮供应链的创新发展。信良记物流中心通过整合全国优质冷链仓配企业，采取物流业务全托管于第三方的方式向客户提供优质服务，为餐饮企业、新零售企业等在冷冻、冷藏、常温食品类产品方面提供基于全国云仓的仓储、运输、城配、信息化等一站式供应链服务。

（二）发展历程

1. 成立阶段（2016年）

2016年4月，信良记成立，总部设在北京，创新性地开启标准化中餐爆品的打造。

2. 快速发展阶段（2017年）

2017年上半年，信良记获得多轮融资，包括由峰瑞资本领投、黑马基金、禧云国际跟投的Pre-A轮5000万元融资，钟鼎创投领投、峰瑞资本跟投的1.2亿元A轮融资，并与阿里巴巴全平台达成战略合作。2017年7月，信良记的首款标准化中餐爆品——小龙虾正式在天猫、易果生鲜、苏宁易购等电商平台隆重登场，获得了大众青睐。2017年9月，信良记作为首批企业入驻天津天信互贸通产业园，正式开启国际贸易模式。2017年12月，信良记荣获"黑马TOP100榜单—最具潜力创业公司"和最具潜力新零售TOP50黑马榜。

3. 国际化进军阶段（2018年）

2018年2月27日，信良记品牌登陆纽约时代广场，开启了国际化探索模式。2018年4月21日，信良记参加2018年千商大会，利用大会的丰富资源和优势，为信良记走向世界提供创新思维。2018年6月，信良记驰援俄罗斯世界杯，进一步扩大了国际影响力。

二、发展策略

（一）信良记冷链仓配运营体系的定位与价值

定位：以不同类型的客户需求为中心，以公司发展战略目标为方向，基于数据驱动和冷链物流标准化的动态服务运营管理体系，信良记是冷链物流资源的整合商与冷链物流标准的输出者。

价值：通过搭建全国共享冷链云仓网络和标准化服务的实施，保证信良记产品全国布局，实现产品到商品的形态转化。

信良记没有自有仓和车辆，通过整合全国优质冷链仓配企业，采取物流业务全托管于第三方的方式为其客户提供优质服务。信良记在选取冷链仓配供应商方面有着严格的把控，优选全国冷链百强企业进行实地走访考察，以招投标方式遴选出优质的仓配合作企业。信良记的仓配供应商包括厦门唯捷城市配送有限公司、武汉凯瑞物流有限公司、北京新联道供应链管理有限公司、东莞市川东冷藏运输服务有限公司、上海诚煜冷链物流有限公司、许昌众荣冷链物流有限公司、华冷物流有限公司等，如图14-1所示。信良记整合的优质物流资源形成了覆盖全国不同区域的冷链物流网络。信良记对合作的仓配企业实行标准化管理，输出自己的冷链物流标准，规范各环节运作。同时信良记拥有一套完备的考核标准，包括仓储、运输、成本、服务、供应商运营管理等五大类，共19个细目的考核指标，从而保证整个冷链物流环节的服务质量。

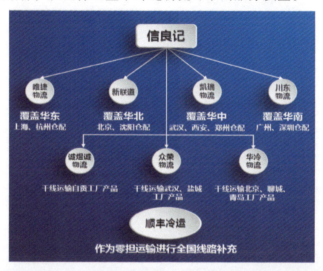

图 14-1　信良记的冷链仓配供应商

（二）信良记冷链仓配运营体系的服务模式

信良记冷链仓配运营体系的服务模式如图14-2所示，主要服务模式包括：

全国冷链仓储服务：依托信良记全国10余个城市仓，每个仓提供至少三个温区的仓储服务，包括商品存储、装卸、库内流转操作、以及其他增值性服务。且拥有高标准仓库环境，专业仓储操作流程，7×24小时不间断温度监控。

中国 冷链物流发展 典型案例

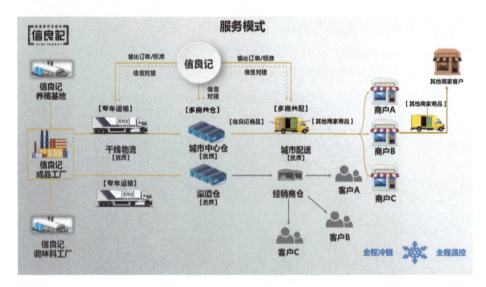

图14-2 信良记的服务模式

信良记已经开始投入运营的14个物流中心，分别是：北京仓、深圳仓、上海仓、杭州仓、山东诸城仓、山东潍坊仓、沈阳仓、西安仓、郑州仓、武汉仓、东莞仓、南宁仓、成都仓、广州仓。随着销售区域不断扩大和公司整体战略规划，未来新增加10个物流中心，包括南京、合肥、长沙、重庆、银川、太原、呼和浩特、南昌、福州、厦门，主要用于全渠道销售支持。冷链集群24个仓网状分布、相互协同、平行运营，覆盖除新疆地区外所有内地一线和绝大部分二线城市，通过缩短了运输距离来提高配送效率，有效降低了物流运输成本，提高了客户体验。

干支线运输服务：依托于信良记252条冷链干线网络，针对冷冻、冷藏、常温产品为客户提供全程可视化的干支线运输服务，包括全程实时温度与路径监控。

城市配送服务：全国已开通14个城市共配网络，为餐饮门店、新零售企业等客户提供冷冻产品企业与企业之间（Business-to-Business，简称B2B）冷链城配服务，并进行全程实时温度与路径监控。

信息平台：信良记正在搭建和完善自己的信息系统，该系统将第三方外部系统接入信良记接口服务平台进行统一管理，功能包括仓储管理系统（Warehouse Management System，简称WMS）、运输管理系统

（Transportation Management System，简称TMS）、服务于中小企业的供应链平台（Supply Chain Platform To Business，简称S2B）的全过程系统支持，如图14-3所示。

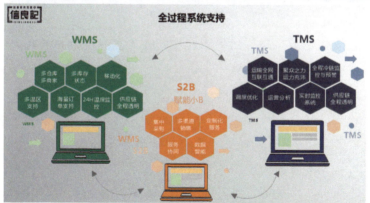

图 14-3　信良记的信息系统

案例分享

新 辣 道

　　新辣道集团是一家以连锁餐饮为主业的大型食品企业，总部位于北京，旗下拥有"新辣道鱼火锅""锦府盐帮酒楼""辣倒兔""米芝莲""坛老徐""聪少""幸世""馋乎"等餐饮连锁品牌，门店数量200多家。新辣道集团依托餐饮为主业，建立北京工厂、四川工厂、山东工厂及合资工厂四家大型食品加工工厂，并在北京、上海、西安拥有三大物流配送基地。

信良记为新辣道在北京的50家实体门店，提供酸菜鱼、小龙虾、料包、饮料等产品。信良记为新辣道餐饮提供的同城配送服务流程如图14-4所示。

图14-4　信良记为新辣道餐饮同城配送

坛老徐

坛老徐从成立开始，就坚持做好的酸菜鱼、要用好的原料，目前坛老徐拥有四大跨国供应链，保证从门店里面出售的每一份酸菜鱼，都有好的品质、最出色的美味。坛老徐尊崇"踏实、拼搏、责任"的企业精神并以诚信、共赢、开创经营理念，创造良好的企业环境，以全新的管理模式，完善的技术，周到的服务，卓越的品质为生存根本。

信良记为坛老徐全国168家门店提供酸菜鱼、小龙虾、料包、饮料等产品。由总店提前下单，信良记负责集中采购、干线运输、仓库存储分拨、最终城市配送到店，全程时效≤48小时。信良记为坛老徐全国门店配送的服务流程如图14-5所示。

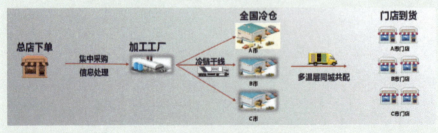

图14-5　信良记为坛老徐全国门店配送

（三）打造全网冷链生态体系推动餐饮供应链转型升级

信良记以需求为驱动，通过天网、地网、人网整合信息流、物流、人流、资金流，来满足用户的定制化需求。人网即以订单串联起上游工厂、下游渠道商、餐饮、电商平台等形成的客服资源池，天网即基于互联网+智能设备，搭建以大数据互联共享为驱动的云供应链协同平台，打造全程可视化的供应链网络。地网即融合国内优质冷链供应资源，搭建基于食材B2B的庞大地面冷链共配网络，优化仓干配，提供一体化解决方案。信良记的全程冷链生态系统如图14-6所示。

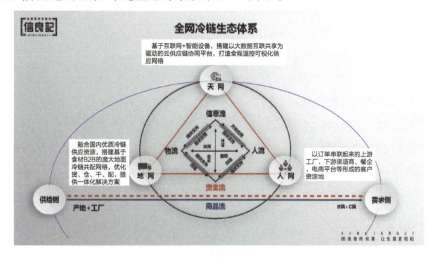

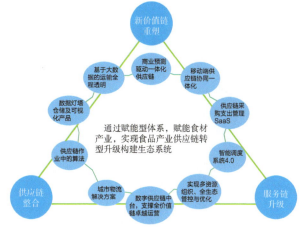

图 14-6 信良记的全程冷链生态系统

(四) 下一步发展思路

信良记未来的发展以"针筒"理论为基础。"针",通过爆品切入带来流量形成入口,快速实现规模效应;"筒",以爆品为核心的周边品类产品覆盖,丰富场景满足需求;"针+筒",建立基于标准化产品供应链为基础的纵向生态体系;多个"针+筒",实现多个纵向生态体系跨品类、跨体系联合。同时继续践行"三无"理论:无工厂——通过核心技术+海量订单,以量为基础实现议价权、强控制;无销售——基于人性的利益分配机制,激发、裂变、整合、再分配;无仓/车——通过专业化、标准化的管控能力输出,实现网络协同、网络下沉。

三、案例评析

信良记既不是传统的餐饮企业,也不是普通的冷链物流企业,而是一家通过标准化中餐爆品赋能餐饮供应链的创新型供应链公司。信良记没有自有仓和车辆,而是通过整合全国优质冷链仓配企业,采取物流业务全托管于第三方的方式为其客户提供优质服务,通过输出标准规范整个供应链环节,为客服提供优质服务。这种轻资产模式,增加了操作灵活性,为企业节省了一定的物流成本。信良记以需求为驱动,通过天网、地网、人网整合信息流、物流、人流、资金流,来满足用户的定制化需求。通过赋能型体系,赋能食材产业,实现了食品产业供应链转型升级。

附录

中国公路冷链物流行业运行分析报告
（2018）

附录

中国公路冷链物流行业运行分析报告（2018）

前　　言

冷链物流是现代物流体系的高端服务领域，是保障食品药品流通安全的关键环节。促进冷链物流高质量发展，对于推动物流行业转型升级和降本增效，支撑产业转型发展和居民消费升级，提高人民群众生活品质具有重要意义。近年来，随着我国经济社会发展和人民群众生活水平不断提高，城乡居民对食品药品质量安全意识显著增强，冷链物流需求日趋旺盛，市场规模不断扩大，2018年，我国冷链物流需求总量达到1.8亿吨，冷链物流总额突破5万亿元，增幅超过20%。果蔬、肉类和水产品冷链运输率由2015年的20%、30%和36%提高到当前的35%、57%、69%，增幅超过50%。需求倒逼供给，在消费升级、发展方式转变以及技术创新等多轮驱动下，冷链物流设施设备供给能力显著提高，物联网技术、信息技术及人工智能与自动化设备得到广泛应用，企业运营模式加快创新，冷链物流服务品质大幅提高，对食品药品流通安全的保障能力显著增强。

交通运输部公路科学研究院物流工程研究中心基于易流云平台25000余辆冷藏保温车辆运行数据，以全程温控和运输时效为核心要素，围绕供给能力、运行特征、服务品质、服务效率等方面，通过轨迹信息、温控数据、行驶速度、进出区域、线路里程等关键指标对我国公路冷链物流的总体情况进行客观全面地分析。同时，在准确研判趋势、深刻剖析冷链物流发展痛点、难点的基础上，提出了交通运输促进我国公路冷链物流行业发展的建议，以期为相关行业主管部门、协会、冷链物流企业提供参考借鉴。

2019年5月

目 录

第一部分 冷链物流行业总体发展情况 ································ 159
    一、冷链物流业务规模快速增长，周期性、季节性
        变化明显 ··· 159
    二、我国冷链物流社会化程度高，市场细分专业性强 ········ 160
    三、区域发展不均衡，经济强区形成冷链物流发展高地 ····· 162
    四、新型流通业态异军突起，短距离区域配送业务快速
        增长 ·· 164
    五、冷链物流服务网络不断延伸，中心城市集聚辐射效应
        显著增强 ··· 165
    六、枢纽城市中心度不断提高，内陆城市的中转服务功能
        逐步加强 ··· 167

第二部分 冷链物流行业运行情况分析 ································ 169
    一、温控设备广泛应用，但缺乏统一的标准规范 ············· 169
    二、冷链物流运行效率大幅提升，但仍有差距 ················ 170
    三、城市配送"三难"问题尚未得到有效解决，冷链
        城配运行效率不高 ··· 172

第三部分 冷链物流发展特征与趋势 ································· 173
    一、公众消费加快升级，引领带动冷链物流市场规模
        持续攀升 ··· 173
    二、供给体系逐步完善，推动冷链物流运输方式加快转变 ··· 173
    三、信息技术广泛应用，智慧冷链时代加速到来 ············· 174
    四、运营模式加快创新，冷链物流服务链条不断延伸 ······· 174

第四部分 政策建议 ································· 175
附件 术语解释 ································· 177

附录
中国公路冷链物流行业运行分析报告（2018）

第一部分　冷链物流行业总体发展情况

一、冷链物流业务规模快速增长，周期性、季节性变化明显

从运输车次看，冷链运输呈逐年上升趋势（附图1-1）。平台样本车辆2018年完成总运输车次数达1237.25万车次，年均增幅超过34%。

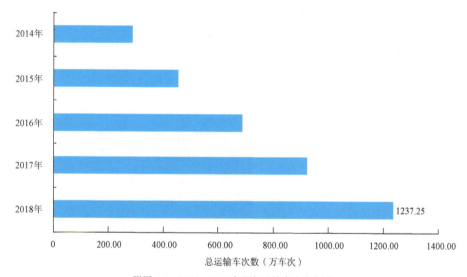

附图1-1　2014—2018年历年运输车次变化图

从车辆效率指数变化情况看，冷链物流兼具季节性和周期性的变化特征。

2018年，平台样本车辆单车月均完成41.2车次。从月均情况看，存在明显的差异，春节对冷链运输的影响最大，每年的2月份，公路冷链物流运输骤减，2018年2月仅为27.9车次（附图1-2）。

冷链城配车辆的日效率指数在春节、国庆节期间出现较大幅度的下降，降幅约为10.6%与11.3%，且周末的效率指数在一周中处于最低位，降幅约为3.1%（附图1-3）。

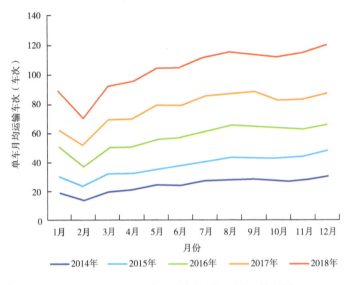

附图 1-2 2014—2018 年各月单车月均运输车次数变化图

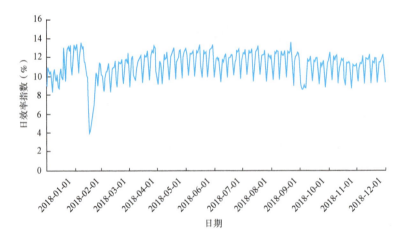

附图 1-3 2018 年冷链城配车辆日效率指数变化图

二、我国冷链物流社会化程度高，市场细分专业性强

从规模看，根据易流云平台2.5万辆冷藏保温车辆注册信息分析发现（附图1-4），第三方冷链物流服务企业是从事冷链物流服务的主力军，这些企业拥有的车辆数占整个冷链物流车辆总数的比例高达89%。此外，其他如整车、零担、快递等运输企业也开展了冷链物流服务，但车辆数

占比仅为8%。由此可以看出，我国冷链物流的社会化、专业化程度较高，大部分冷链物流业务通过委托外包的方式完成。

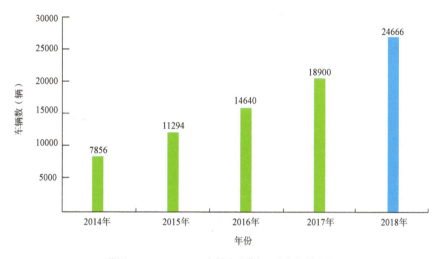

附图1-4　2014—2018年样本冷藏保温车辆规模变化

从服务领域看，冷链物流服务的上游企业主要集中在食品加工、医药制造、生鲜电商、商超等领域（附图1-5），其中生鲜电商和医药类企业的冷链运输量约占总规模的60%，食品加工、商超等类型企业冷链运量稳步增长，冷链物流服务市场细分更加专业化。

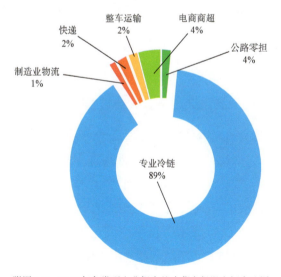

附图1-5　2018年各类型企业拥有的冷藏车保温车辆占比图

三、区域发展不均衡，经济强区形成冷链物流发展高地

（一）冷链运力大幅增加，长三角地区一枝独秀

冷链物流与经济发展密切相关。目前，我国东部、北部、南部三个沿海地区冷藏保温车辆拥有量占比超过总量的70%，五年来年均增幅达24.5%（附图1-6）。公路冷链运力分布呈现以长三角为龙头、珠三角与京津冀鲁并驾齐驱、中西部地区均衡发展的格局。其中上海、江苏、浙江三省（直辖市）冷藏保温车辆数占比达32%；以北京为核心的京津冀和山东四省（直辖市）和以广东为核心的东南部沿海地区运力占比相当，略高于20%；西南地区、长江中游经济区、黄河中游经济区和东北经济区，冷链运力分布较为平均，占总规模的4%~8%。受内陆交通瓶颈及经济发展的制约，西北地区冷链发展相对滞后，运力占比不到1%。

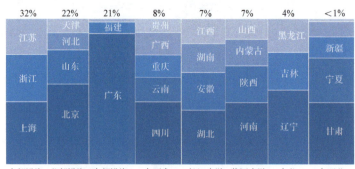

附图1-6 八大经济区运力分布总体情况图

（二）冷链城配业务迅速增长，一线城市较为活跃

2018年，我国全网完成冷链城市配送的总车次数共计823万车次，与2014年的186万车次相比，冷链城配业务实现了快速增长，年均增速高达45%（附图1-7）。其中，一线城市北京、上海、广州、深圳的冷链城配业务最为活跃，完成的车次数远高于其他地区；北京、上海冷链城配完成的车次超过100万车次，分别占全市冷链运输的81.1%和75.6%；广州和深圳分别为67万车次和52万车次，占全市冷链运输服务的52.3%和59%；成都、杭州、宁波、武汉、温州、南京、东莞、沈阳、苏州、青岛、西

安、郑州和天津等16个城市冷链城配车次数超过10万车次。

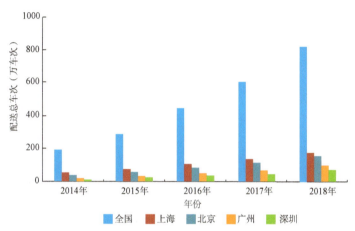

附图1-7　2014—2018年全国及一线城市冷链城配总车次变化图

（三）中长途冷链运输稳步增长，呈"三足鼎立"的发展格局

从跨省运输看，2018年各省（自治区、直辖市）跨省运输业务量大于10万车次的省份，按从高到低排列依次为上海市、江苏省、北京市、浙江省和河北省（附图1-8）。长三角、珠三角、京津冀等经济发达地区综合交通区位优势突出，枢纽经济效应明显，在跨境贸易、生产力布局调整和产业梯度转移的多种因素影响下，冷链中长途运输需求旺盛。

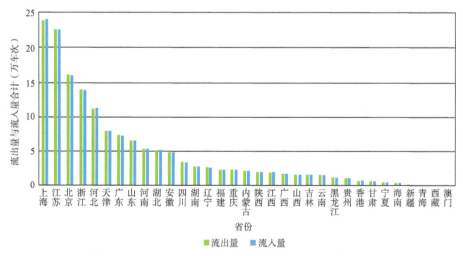

附图1-8　2018年各省（自治区、直辖市）跨省运输流入量和流出量

从省（自治区、直辖市）内运输看，2018年，广东省内冷链运输车次达250万车次，稳居首位（附图1-9）。上海市、北京市和浙江省紧随其后，运输车次在100万~150万车次，其余省份则不足70万车次，呈现从沿海向内陆不断递减的趋势。

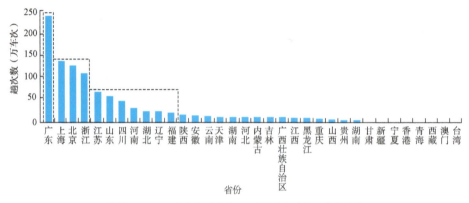

附图1-9　2018年各省（自治区、直辖市）内部运输车次数

四、新型流通业态异军突起，短距离区域配送业务快速增长

冷藏保温车辆保有量不断增长（附图1-10），从业务类型看，其中短距离区域内配送车辆规模呈直线上升态势，月均增幅达3.8%，占冷藏

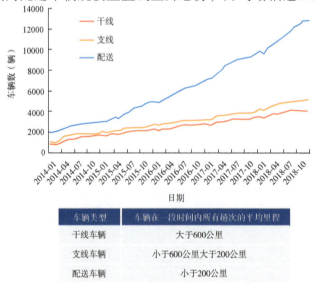

车辆类型	车辆在一段时间内所有趟次的平均里程
干线车辆	大于600公里
支线车辆	小于600公里大于200公里
配送车辆	小于200公里

附图1-10　样本冷藏保温车辆划分依据及不同类型车辆数变化图

保温车辆总规模的比例在50%~60%,且呈不断扩大的趋势。中长距离干支线运输车辆规模增速平缓,月均增幅2.3%,其中支线运输车辆占比为20%~30%,干线运输车辆占比最少,仅20%左右(附图1-11)。由此可见,在消费升级和生鲜电商、零售O2O、餐饮外卖等新型流通业态的推动下,城乡居民消费理念、消费方式、消费层次从单一品类的线下消费转变为多品类灵活多样的线上购买模式,生鲜食品多频次、小批量的消费需求激增了冷链物流短距离中转配送业务,并将成为冷链物流发展的主战场。

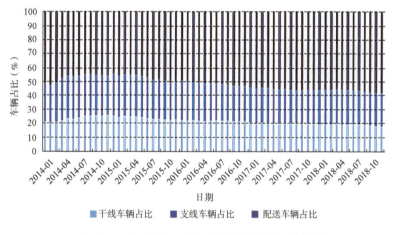

附图1-11 干线运输、支线运输和配送车辆占比变化图

五、冷链物流服务网络不断延伸,中心城市集聚辐射效应显著增强

(一)网络覆盖范围进一步拓展,枢纽城市间的互动联系频繁

报告选取2014—2018年我国主要城市间公路冷藏保温车辆运行数据,以每个县级及以上城市为节点,构建有向运输网络图。通过节点数、有向边数和平均聚合系数的变化分析掌握我国公路冷链运输服务网络密集度和节点联系热度。5年来,冷链运输网络节点数从211个增加到310个,网络覆盖率达到80%以上,有向边数从878条增加到2206条,平均聚合系数从0.371提高到0.603(附图1-12)。

附图1-12　2014—2018年主要城市间冷链运输网络变化情况

分析发现，一方面，以中心城市为核心的主要经济区间干线通道成为冷链运输最繁忙的线路。其中，以京津冀、长三角、珠三角三大城市群之间的干线通道运输密度最大，中原城市群、长江中游城市群、川渝城市群等内陆地区围绕各自的中心城市与其他区域形成活跃的交流网络，但活跃度不及沿海地区。另一方面，城市群中心城市与周边地区形成了紧密的区域内部运输网络。如北京、上海和广州已逐步成为区域集散中心，与周边地区形成了较强的联系，城市群中心城市的集聚与辐射效应逐步凸显（附图1-13）。

（二）中西部地区冷链物流发展方兴未艾，双向互动格局逐步形成

对比分析主要城市间有向运输网络，我国公路冷链运输网络在广度和深度层面都在加快延伸。一是冷链运输网络向内陆和边疆地区延伸。2018年，我国西北地区，如新疆、青海、宁夏与中东部地区的交流与往年相比明显增强，形成了固定的冷链运输线路。二是双向互动的支线运输网络逐步形成。近年来，在广东、山东、黑龙江、四川等省份出现了更多由区域次级城市向中心城市的上行冷链运输网络，形成了双向互动的支线运输网络格局。

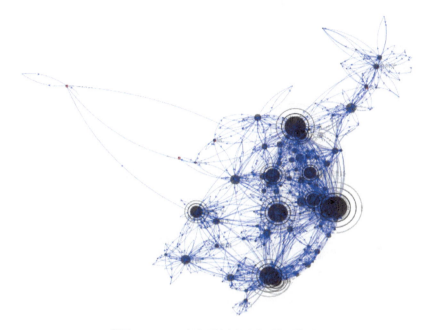

附图 1-13　2018 年主要城市间有向运输网络图

六、枢纽城市中心度不断提高，内陆城市的中转服务功能逐步加强

报告对 2014—2018 年主要城市间运输网络进行中心性分析（附表 1-1），量化每个城市在服务网络中的地位和作用。

数据显示，北京、上海、广州一线城市与其他城市冷链物流联系不断加强，城市中心度持续提高，充分说明冷链物流与经济发展、消费水平具有密切联系。同时，顺应经济结构调整和产业梯度转移，中西部地区迅速崛起，郑州、武汉、成都等区域枢纽城市中心度不断提升，冷链物流业务规模和对周边区域的辐射带动能力显著增强。

报告通过分析各城市的中介中心度（附表 1-2），发现枢纽城市在运输网络中还承担着大量货物转运的功能。2018 年，北京、上海、广州、武汉、成都等枢纽城市都位居中介中心度排名前列。但对比 2014 年以来的历史数据，北京、上海、广州的中介中心度逐步下降，货运中转服务功能向内陆城市逐步转移的趋势正在显现。

2014—2018 年城市中心度排名前十列表 附表 1-1

年份	2018 年	2017 年	2016 年	2015 年	2014 年
城市中心度	上海市, 0.3980	上海市, 0.3443	上海市, 0.3403	上海市, 0.3083	上海市, 0.3095
	北京市, 0.3657	北京市, 0.3180	广州市, 0.3021	广州市, 0.2806	广州市, 0.2905
	武汉市, 0.3366	广州市, 0.3082	武汉市, 0.2778	临沂市, 0.2292	临沂市, 0.2238
	广州市, 0.3301	武汉市, 0.2951	北京市, 0.2708	苏州市, 0.2253	南京市, 0.2095
	苏州市, 0.2783	苏州市, 0.2426	临沂市, 0.2292	南京市, 0.2055	北京市, 0.1905
	郑州市, 0.2460	郑州市, 0.2361	郑州市, 0.2292	北京市, 0.2016	郑州市, 0.1857
	南京市, 0.2298	临沂市, 0.2230	南京市, 0.2222	武汉市, 0.2016	沈阳市, 0.1810
	临沂市, 0.2168	南京市, 0.2164	苏州市, 0.2222	郑州市, 0.1976	杭州市, 0.1762
	成都市, 0.2136	成都市, 0.1869	成都市, 0.1771	成都市, 0.1818	苏州市, 0.1619
	深圳市, 0.2104	东莞市, 0.1869	沈阳市, 0.1701	杭州市, 0.1779	武汉市, 0.1619

2014—2018 年中介中心度排名前十城市列表 附表 1-2

年份	2018 年	2017 年	2016 年	2015 年	2014 年
中介中心度	北京市, 0.2746	北京市, 0.2647	广州市, 0.2609	上海市, 0.2376	北京市, 0.3078
	上海市, 0.1973	广州市, 0.1941	北京市, 0.2463	广州市, 0.2345	广州市, 0.2802
	广州市, 0.1770	武汉市, 0.1820	上海市, 0.2064	北京市, 0.2271	上海市, 0.2649
	武汉市, 0.1657	上海市, 0.1658	成都市, 0.1659	成都市, 0.1778	沈阳市, 0.1814
	成都市, 0.1304	成都市, 0.1319	武汉市, 0.1630	沈阳市, 0.1625	郑州市, 0.1792
	昆明市, 0.1001	西安市, 0.1000	郑州市, 0.1110	天津市, 0.1240	成都市, 0.1233
	沈阳市, 0.0913	昆明市, 0.0962	西安市, 0.1042	郑州市, 0.1116	武汉市, 0.1173
	郑州市, 0.0803	郑州市, 0.0905	昆明市, 0.0977	武汉市, 0.1086	临沂市, 0.0918
	西安市, 0.07745	沈阳市, 0.0852	沈阳市, 0.0849	西安市, 0.0769	洛阳市, 0.0604
	哈尔滨市, 0.0593	天津市, 0.0667	天津市, 0.0707	临沂市, 0.0706	呼和浩特市, 0.0575

附录
中国公路冷链物流行业运行分析报告（2018）

第二部分 冷链物流行业运行情况分析

一、温控设备广泛应用，但缺乏统一的标准规范

温度是决定冷链物流服务品质的核心要素，是保障流通安全的关键环节。冷链运输全过程动态温控监管已经成为供应链上下游利益相关方的共同要求。温度传感器、GPS等技术在冷链运输车辆中的应用，使得相关方可实时获取车辆位置、温湿度信息、行驶轨迹等数据，实现运输过程透明化监控，防范冷链运输的"断链"风险，为保障流通安全提供有效支撑。在实际运营中，安装3个及以下温度传感器的冷藏保温车辆占比高达89%，安装4个温度传感器的车辆仅占11%（附图2-1）。目前，行业内缺乏相应的标准对温控设备的安装和使用做出统一明确的规定，导致企业无标可依，有些企业为节省成本，中途关掉制冷设备，造成较大的流通安全隐患。

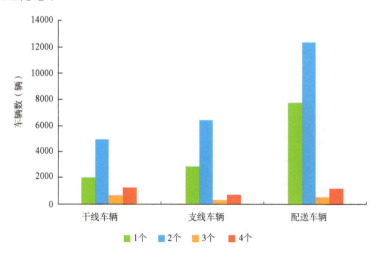

附图 2-1 各类型车辆温度传感器安装数量

当温度超过合理区间且持续一定时间，冷藏保温车辆会出现异常报警。通过冷藏保温车辆温度报警数据分析发现，冷藏保温车辆月均报警

次数在50~120次，且季节性变化特征明显，如夏季车辆月报警次数达120次，"断链"的概率显著增大（附图2-2）。

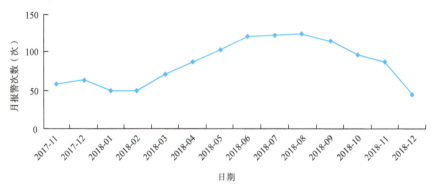

附图2-2　冷藏保温车辆月均温度报警次数

二、冷链物流运行效率大幅提升，但仍有差距

随着我国公路网规模持续扩张和技术条件改善，公路通行效率不断提高（附图2-3），中长途冷藏保温车辆日均行驶里程和运行时间持续增加，年平均日效率指数由2014年的15.76提高到2018年的20.27（附图2-4）。

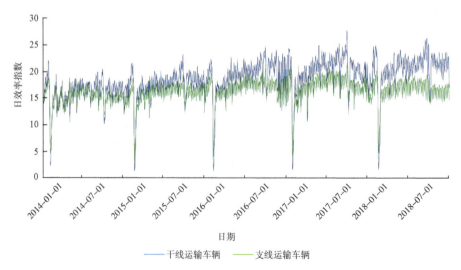

附图2-3　2014—2018年干线运输和支线运输车辆日效率指数变化情况

附录

中国公路冷链物流行业运行分析报告（2018）

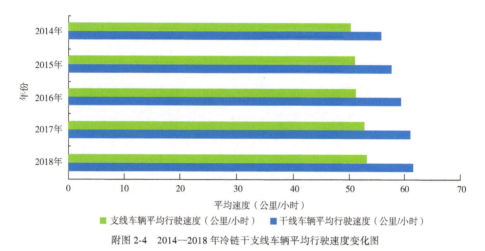

附图 2-4　2014—2018 年冷链干支线车辆平均行驶速度变化图

2018年中长途冷藏保温车辆的日均运行时间和日均行驶里程分别为5.6小时和348公里（附图2-5），逐年稳步上升，但与普通道路货物运输车辆运行效率相比，冷藏保温车辆运行效率仍有较大提升空间。

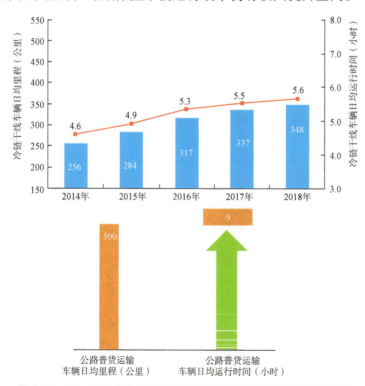

附图 2-5　2014—2018 年中长途运输车辆日均里程和日均运行时间变化对比图

三、城市配送"三难"问题尚未得到有效解决,冷链城配运行效率不高

城市配送具有多频率、少批量、个性化、短距离、重时效等特点,是城市居民生产、生活需求的重要支撑。冷链物流的"最后一公里"复杂性更强,运送时效要求更高。当前,受城市交通拥堵、限行管制措施等多因素影响,我国城市配送"三难"问题依然存在,影响了冷链配送车辆的运行效率。数据分析显示,我国冷链配送车辆总体运行效率呈下降态势,车辆平均行驶速度由2014年的37.3公里/小时降低至2018年的34.5公里/小时(附图2-6),年均日效率指数由2014年的11.88下降到2018年的11.12(附图2-7)。

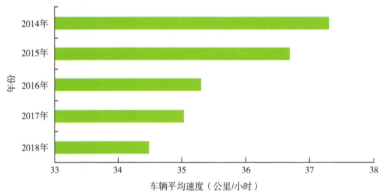

附图2-6 2014—2018年从事城市配送的冷藏保温车辆平均行驶速度变化图

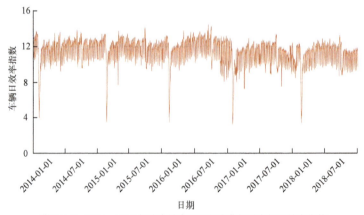

附图2-7 2014—2018年从事城市配送的冷藏保温车辆日效率指数

附录
中国公路冷链物流行业运行分析报告（2018）

第三部分　冷链物流发展特征与趋势

一、公众消费加快升级，引领带动冷链物流市场规模持续攀升

我国是农产品生产和消费大国，生鲜食品跨境贸易量和医药市场规模位居世界前列，庞大的产业基础和消费市场必将为冷链物流创造巨大的需求空间。同时，在"互联网+"行动计划驱动下，流通业态、流通模式、流通渠道正在发生深刻变革，"互联网+"零售、餐饮，衍生出多元化的消费场景，生鲜电商、零售O2O、餐饮外卖等新型流通业态不断涌现，深刻改变了人民群众的消费理念、消费方式、消费习惯，也激发了消费市场对冷链物流的需求，冷链物流市场规模持续扩张。样本数据显示，冷藏保温车辆规模和市场需求持续高速增长，年均增速超过30%。随着人民群众食品药品安全意识不断增强，城镇化进程加快和城乡居民消费升级，冷链物流行业仍有巨大的市场空间亟待挖掘，冷链运输市场规模将持续攀升。

二、供给体系逐步完善，推动冷链物流运输方式加快转变

运输结构调整的大背景下，公路运输市场秩序逐步规范、多式联运快速发展，冷链物流基础设施和运力供给不断增强，将形成以公路为主，铁路、水路、航空等多种方式共同发展的格局。2018年，我国冷藏保温车辆达18万辆，占营运载货汽车保有量的比例由0.4%上升至1.0%。冷藏保温车辆技术水平不断提升，液氨、二氧化碳、相变蓄冷剂等新型环保制冷方式推广普及，多温层保温、新能源冷藏技术得到广泛应用，低温配送柜、低温物流箱、冰温集装箱、电瓶冰温车等新型运载工具不断涌入市场。同时，铁路冷藏车厢、航空冷藏中转箱、冷藏保温箱等运输设备也在不断发展，满足多样化的冷链运输需求。

三、信息技术广泛应用，智慧冷链时代加速到来

随着冷链物联网技术、信息技术及人工智能与自动化设备的快速发展，越来越多的用户要求在仓储、运输、配送等各环节的温度反馈和轨迹信息，实现冷链物流全流程可溯源，杜绝运输环节"断链"现象，保障流通安全。从样本车辆温控监管来看，近年来规模化冷链物流企业不断加大信息化建设，提高冷链运输全过程智能化和信息化水平。未来，随着国家相关部门对冷链运输行业监管力度的增强以及5G时代的到来，冷链物流智能化发展和信息化覆盖将在现阶段的基础上继续深化，行业将迎来"物联网+人工智能"、智能视频监控技术的大发展、强应用，通过加强全程温控，规范冷链物流企业运营行为，提升服务品质，保障流通安全。

四、运营模式加快创新，冷链物流服务链条不断延伸

城乡居民消费水平不断提高、食品药品流通安全意识不断增强以及生鲜电商渠道下沉，对冷链物流的时效性、安全性提出了新的更高要求，倒逼冷链物流企业创新运营组织模式，提高服务品质。冷链物流行业将涌现出整合"最先一公里"至"最后一公里"全链条资源，提供供应链一站式服务的物流综合服务商，在采购、运输、加工、销售等环节实现有效整合资源，实现生鲜农产品从产地到销地的一体化运作，构建起从田间到餐桌的全程冷链运输体系，降低冷链全链条各环节成本，提高服务效率。

第四部分 政策建议

通过大数据分析可以看出，我国冷链物流供需日趋旺盛，冷链物流发展前景广阔。但总体上看，我国冷链物流发展尚处于起步阶段，冷链物流行业还存在标准体系不完善、基础设施相对落后、专业化水平不高、有效监管不足等问题。组织化、规模化、专业化、信息化的冷链物流服务体系尚未形成。针对存在的问题，结合行业的特征趋势，报告提出推进冷链物流行业发展的政策建议。

一是提升冷链物流装备技术水平，加强行业监管。冷链物流与人民群众健康和安全直接相关，其重要性并不亚于危险品运输。目前，对冷藏保温车辆监管不够严格，对温控和制冷设备性能没有提出明确的要求，运输环节缺乏信息化、智能化的监管手段。大数据分析显示冷藏保温车辆温控设备在安装数量、操作使用等方面不标准、不规范的问题较为突出，全程温控监管问题成为影响冷链物流服务品质的关键环节。因此，建议相关行业主管部门进一步细化冷藏保鲜专用运输的许可条件，改革冷藏保温车辆管理制度，严格市场准入及在用车使用过程管理。利用信息化手段加强事中和事后监管，建立冷链物流运输环节温度记录抽检抽查制度，将温控监管与企业诚信考核、联合惩戒结合起来，构建冷链物流全程温控监管体系。

二是积极推广使用先进的设施设备，提高冷链物流服务品质。目前，冷链运输市场存在大量非法改装的不合规冷藏车辆，很多生鲜商品都采用淘汰的海运冷藏集装箱进行长途运输，制冷效果差，难以保障冷链运输品质；城市配送多采用"冰块+棉被"的伪冷链运输方式，导致冷链物流腐损率极高，难以保障食品安全，危害人民群众健康。因此，应严格冷链物流设施设备相关标准，提高设施设备技术水平，引导和鼓励企业使用技术先进、节能环保的设施设备从事冷链物流服务，通过标准化、轻便化、清洁节能的运载单元，提高食品药品冷链流通率，改善冷链物流服务品质。

　　三是推动组织模式创新,提升冷链物流效率。当前,我国冷链运输市场存在资源高度分散、信息不对称、组织化程度不高等问题,物流企业"单打独斗",上下游未能实现信息资源共享和业务协同,造成冷链物流运作效率低。据了解我国共同配送占全部冷链物流配送量的比例仅为10%,与发达国家和地区相比差距甚远(欧洲地区90%、美国70%、日本50%)。整合社会冷链资源,供应链上下游企业抱团取暖,是提高冷链物流效率的重要途径。一是整合模式,即培育龙头骨干企业,充分利用自身的品牌、资金、管理和网络优势,充分整合货主及零散运输资源,形成覆盖广、专业性强的第三方冷链物流体系,为冷链需求方提供供应链一站式服务,提升冷链物流的组织化、集约化、规模化。二是联合模式,即建立冷链物流企业发展联盟,将生产企业、批发企业、冷库企业、冷链运输企业联合起来,促进冷链资源整合共享和业务互助合作,优化运输组织,提升运作效率,降低物流成本。

　　四是改进城市交通管理模式,优化冷链城市配送发展环境。冷链物流"最后一公里"配送时效与城市配送车辆便利通行政策、城市交通拥堵程度密切相关。根据本报告对运行效率的分析,配送车辆日效率指数明显低于干支线的日效率指数,也说明冷链配送末端环节存在"进城难、通行难、停靠难"等问题。因此,迫切需要行业主管部门加强政策协同,进一步优化完善城市配送车辆便利通行政策。一是健全完善冷链城市配送需求调查制度,根据需求调整和优化货运通行证发放政策;二是建立城市配送车辆分类管理机制,对运输鲜活农产品、冷藏保鲜品等涉及民生的冷链配送车辆给予优先通行便利。

附件　术语解释

1. 车次

载货汽车从起点（通常是装货点）到目的地（通常市卸货点）即为一个车次。

2. 业务量

载货汽车从驶入到某省市，再从该省市驶出，完成这样一个运输配送过程，则表示完成一个业务，该省市完成的业务数用该省市的流入量和流出量之和的1/2来衡量，即：聚集区域完成的业务数=（流入量＋流出量）/2。

3. 有向运输网络

以每个城市为节点，城市之前若存在交流的情况即运输车次数大于0，则在两个城市之间建立一条有向边，两个城市间的运输车次数为该有向边的权重，对最终形成的有向网络进行分析。为了突出重要的交流路径，在构建有向网络时，设置车次数阈值为200，若两个城市之间交流的车次数小于该阈值，则认为两个城市联系比较弱，不考虑这两个城市之间的交流。为了了解冷链运输网络的发展趋势，按照上述方法对近5年的冷链运输车次数据建立社会网络。

4. 城市中心度

城市中心度是一个节点城市与其他节点城市直接连接的总和，反映一个节点城市在整个网络中所占据的重要性、中心性的程度。为了便于对比不同网络之间节点的中心性，本报告中所使用的城市中心度是标准化后的数值。

5. 中介中心度

中介中心度是经过一个节点城市的最短路径的数量，数量越多说明这个节点城市的中介中心度越高，反映一个节点城市在网络中或网络与网络之间连接作用的大小。为了便于对比不同网络之间节点城市的中介中心度，本报告中所使用的中介中心度是标准化后的数值。

6. 聚合系数

假设某个节点有k条边，则这k条边连接的节点（k个）之间最多可能存在的边数为$k(k-1)/2$，用实际存在的边数除以最多可能存在的边数得到的分数值，定义为这个节点的聚合系数。所有节点的聚合系数的均值定义为网络的聚合系数。

7. 日效率指数

以80公里/小时的速度运行24小时的理想运行数据为基数，根据实际的运行时长和实际里程与基准数值的相对值换算为日效率指数，换算公式如下：

$$日效率指数(S_m) = \frac{(T_d-T)}{T} \times 50\% \times S + \frac{(O_d-O)}{O} \times 50\% \times S + S$$

其中，日运行时长（T_d）为车辆当日实际运行时长，日运行里程（O_d）为车辆当日实际运行里程，基准日运行时长（T）=24小时，基准日运行里程（O）=24小时×80公里/小时，基准效率指数（S）为100。

参 考 文 献

［1］交通运输部．关于加快发展冷链物流保障食品安全促进消费升级的实施意见．2017年8月．

［2］中国物流与采购联合会冷链物流专业委员会，国家农产品现代物流工程技术研究中心．中国冷链物流发展报告（2019）［M］．北京：中国财富出版社，2019年．

［3］崔忠付．2018年中国冷链物流回顾与2019年趋势展望［J］．物流技术应用，2019（4）：14-16．

［4］杨少华．中国冷链物流存在问题及对策［J］．全国流通经济，2018（04）：18-20．

［5］叶静，李思聪．乡村振兴战略下农产品冷链物流发展问题与对策研究［J］．综合运输，2019,12：102-105．

［6］尹红媛．冷链物流的发展现状及驱动因素研究［J］．现代商贸工业，2018（18）：37-38．